축복과 복

고대곤 신앙칼럼

교음사

| 책머리에 |

　본인은 주일학교 때부터 교회에서 배우고 익혔던 신앙신조를 여기에 담았습니다.

　독자들로 하여금 공감대가 함께 이루어질지는 알 수 없으나 신학과 신앙의 다소 차이나는 점들의 의미를 숙고하고 신앙의 참된 길은 곧 구원의 지름길이라고 하는 속성을 글로 표현하는 길잡이라고 인지하고 나름대로 심혈을 쏟았습니다.

　그리고 성서에 뒷받침하지 않은 분야를 언급한 일이 없음을 올립니다. 여기에 실은 글은 각종 교계 신문에 기고한 것만 일부를 엮었습니다.

2025. 9
저자 고대곤

축복과 복

‣ 책머리에
‣ 차례

1. 가정과 교회

은혜가 넘치는 교회로 … 16
오늘의 교회에 참지도자가 요구된다 … 19
번제보다 하나님을 아는 것 … 23
법(法)과 예배 … 26
교회에서 예배 중 대표기도 … 29
축복과 복 … 31
모세와 아론과 훌 … 34
죄를 회개하자 … 38
예배는 '보는' 것 아닌 '드리는' 것 … 40
가정과 교회 … 43
'내'가 모든 사람 속에 들어가야 '우리'라 하는 것 … 45
전도의 간증 … 48
가장 귀한 선물은 '사랑' … 59
헌금과 복채 … 61
신학교와 신학생을 줄이라 … 64
내가 먼저 마시어야 한다 … 68
목회자들의 경쟁시대가 왔다 … 72
정치꾼과 정치를 좋게 하는 사람 … 75

2 성령과 영성

새 교인은 들어오고 헌 교인은 나간다 ··· 80
사역지가 없어서 굶고 있는 ··· 84
청도교의 신앙으로 살자 ··· 88
말하는 양심 ··· 92
우리 공동체 ··· 95
모든 이에게 착한 일을 하되 더욱 믿음의 가정에 할지니라 ··· 97
궁색한 변명 ··· 100
사람을 위한 축하예배는 잘못된 일 ··· 104
헌금은 기쁨으로 ··· 106
권위는 부리는 것이 아니고 인정받는 것 ··· 108
번제보다 하나님을 아는 것이 중요 ··· 110
장로의 기도 ··· 112
식사에 대한 감사의 기도 ··· 114
교회 개척은 교회가 해야 한다 ··· 116
정죄보다 용서하는 교회 되어야 ··· 119
성령과 영성 ··· 122
교인에게 봉사활동 강요하지 말아야 ··· 125
교회에서 축사는 없어야 한다 ··· 127

3 신앙의 교만

장로는 '협력자' 존재해야 평안 … 130

농어촌교회 외면할 수 없다 … 132

신앙과 성품과 능력과 자격을 갖춘 지도자 … 135

떠나는 이에게 관심을 … 137

신학교 명칭 '목회자학교'로 바꿨으면 … 139

기도의 상대는 하나님 … 141

봉헌기도 유감 … 143

신앙의 교만 … 147

욥의 고백 … 150

초대교회로 돌아갈 때 부흥 가능 주님을 교회 주인으로 고백해야 … 153

왕자병 … 155

충고는 곧 사랑 … 158

내 양을 먹이라 … 161

므비보셋의 고백 … 164

굶고 있는 목회자들을 큰 교회들이 도와야 한다 … 168

그러니까 사랑해야지 … 170

미자립교회 목회자들을 도와야 한다 … 173

교회는 성서 본래의 모습으로 개혁돼야 한다 … 177

거룩한 척하지 말자 … 180

좋은 지도자 … 184

4 부흥하는 교회

부흥하는 교회 … 190
중학 시절의 신앙생활 … 194
주는 교회가 부흥한다 … 196
다윗과 요나단의 우정 … 198
박사의 신앙에 이기는 무식자의 신앙 … 201
회의는 객관적으로 정당하게 … 204
사랑이란 낱말 풀이 … 207
제복은 예배복이다 … 210
큰 교회와 작은 교회 … 213
고향 교회 … 216
장로의 기도·2 … 220
문제로 삼지 말라 … 223
복과 율법 … 226
이웃을 사랑하는 교회가 아쉬워 … 229
유럽 지역들의 교회가 비어있다 … 232
모이는 교회 … 234
예배 시 박수 … 236
공예배의 기도 … 238
구제 사업 없는 교회 … 240
빛나던 예루살렘 성전 … 243

5. 좋은 교회

설교상과 사회상 … 248
주님이 주신 지혜 찾고 잘 활용해 영광 돌려야 … 251
헌금과 세금 … 253
제사장과 제사 … 256
돌을 던지지 말자 … 259
신앙의 차이는 성격 차이 … 262
좋은 교회 … 264
전도의 기회 … 267
교회는 둥지가 되어야 한다 … 269
믿음의 어머니 … 273
저주 없는 책망 … 277
주정헌금과 월정헌금 … 279
소극적 전도는 직무유기 … 284
교회의 일은 정치적으로 풀어서는 안 된다 … 286
무분별한 선교회 단체 … 289
스스로 잘못된 일을 고백해야 한다 … 292
요셉의 신앙과 야곱의 수단 … 295
이러한 목사와 장로가 좋겠다 … 298

1부 가정과 교회

은혜가 넘치는 교회로

　오늘날 교회마다 문제가 발생하고 싸우며 다투는 일로 세인들의 입에 오르내리며 지탄의 대상이 되고 있는 것을 보면 참으로 가슴 아픈 일이다. 전도의 길목을 가로막고 믿음이 약한 성도들을 실족케 하고 있으니 하나님께서 보시기에 얼마나 섭섭하실까 하고 생각해 본다.
　또한, 그러한 교회를 들여다보면 원칙을 벗어나 하나님의 진리대로가 아니라 사람의 생각과 방법을 동원해서 사람의 감각에 맞게 일하는 것을 볼 수가 있다. 직분의 권위의식이나 먼저 되었다고 하는 선점의식이나 돈의 위력으로 밀어붙이는 양상들이 교회 안에 존재하고 있는 것이다. 힘으로 해치우는 '동력'이 교회 안에 존재하고 있다는 말이다. 동력은 스스로의 힘만 가지고도 모든 일을 가능하게 하는 것이다. 동력을 사전에서 보면 열이나 물, 바람, 전기 따위의 물리적인 힘을 이용하기 기계를 움직이는 힘이라고 표기되어 있다.
　상대성을 무시한 일방적인 힘으로 해치우는 것은 독존이고 독선이며 독재이지 결코 공동체 의식을 가진 객관적인 것이 아닌 것이다. 그럼에도 이러한 사람이 교회 안에 군림하고 있다면 이것은 스스로 진리의 공해자며 진리를 파괴하는 자라는 것을 알아야 한다.

'약한 자들에게 내가 약한 자와 같이 된 것은 약한 자들을 얻고자 함이요 내가 여러 사람에게 여러 모습이 된 것은 아무쪼록 몇 사람이라도 구원코자 함이니'(고전 9:22)라고 하신 것은 동력(動力)이 아니고 동력(同役)이라고 하신 것으로 편중된 힘이 아니고 같이 힘을 모아 교회 안에서 발휘하라는 말이다. 한 사람 즉 '나'가 아니고 '우리'이다.

모든 사람 속에 내가 들어가서 동참할 때 '우리'가 된다는 것이다. 우리는 단수가 아닌 복수이다. 자기와 관계되는 모든 사람이라고 풀이하고 있다. 바울은 강하게 장소에 따라 동역자라고 역설하였다. '우리는 하나님의 동역자들이요 너희는 하나님의 밭이요 하나님의 집이니라'(고전 3:9)라고도 했다. 나도 너도 스스로는 미약하나 우리 모두의 힘을 모아서 같이 협력할 때 큰 힘이 나오고 큰일을 해낼 수 있으며 교회는 문제가 파생되지 않는다. 독점과 독재가 아닌 힘을 모아서 서로 돕고 조화를 이루어 협력하여 하나님께 영광의 찬송이 쉬지 않는 교회가 되어야 하겠다.

독주보다 합주가 더욱 좋다. 그래서 화음을 이루며 다 함께 기뻐할 때 하나님께서는 더욱 기뻐하신다. 모든 사람의 의견을 모아서 일하다가도 혹 잘못된 결과가 나오는 경우가 있다 할지라도 잘못된 결과의 책임은 모든 사람에게 고르게 돌아가는 것이기에 교회에는 어떠한 문제라도 파생되지 않는 것이다.

   그래야 지도자도 편하고 우리 모두가 편하다. 한 사람이 반대하더라도 사업을 보류하고 같이 생각해 반대하던 사람까지 좋다고 할 때까지 참고 다 함께 즐겁게 해서, 서둘러 졸속 집행하여 많은 일을 하고도 시험 드는 것보다 차라리 좀 늦어지고 일을 적게 하더라도 은혜가 되는 교회가 오히려 앞서간다는 것을 생각해야 한다.

『기독교신문』 1996년 2월 18일

오늘의 교회에 참지도자가 요구된다

솔로몬과 같이 존귀한 영광을 누리게 해 달라고 외쳐대며 기복적이고 무속적인 망상의 신앙에 젖은 중병환자들로 오늘의 교회들이 진통을 겪고 있다. 예수님의 참사랑은 고아, 과부, 약한 자, 억울한 자, 갇힌 자, 병든 자, 가난한 자의 참 친구가 되라 하셨고 죄를 깨닫고 예수 믿어 너희는 먼저 그의 나라와 그의 의를 구하라 그리하면, 이 모든 것을 너희에게 더하시리라(마 6:33) 하셨다.

하지만 먼저 구할 것은 제쳐놓고(천당에 가는 것은 제쳐놓고) 좋은 밥에 좋은 반찬에 최신 유행의 패션을 몸에 걸치고 내 사업에 매상을 많이 올리고 내 자식 좋은 대학에 합격하는 것이 예수 잘 믿고 복 많이 받는 것으로 착각을 하고 있다. 이것을 예수 믿는 궁극의 목적으로 삼고 있다.

우리는 바른 신앙을 찾아야 한다. 하나님께서 나를 택하신 사랑에 감사하고 하나님께서 택하신 뜻을 깨닫고 하나님으로부터 쓰임 받는 자가 되는 것이 바른 신앙의 자세라 할 것이다.

영광의 소유자는 하나님께만 속한 것이건만 사람이 취하려 한다. 욥이 시험을 당하고 있다는 소식을 듣고 문병차 찾아온 세 친구들이 안타까워서 욥이 회개하고 과거와 같은 모습 되기를 바라며 간절히 설득했으나 친구들의 충고를 거역했다. "나는 죄 없다"라고 변론하는 꼴을 보시고 드디어 하나님께서 평소 욥은 죄 없는 의인인 것을 인정하시고 칭찬하셨건만, "죄 없다"라고 하는 단순한 '죄'를 책망하시고 너 스스로 의롭다 하느냐? 나 같은 강한 팔을 가지고 있단 말이냐? 나 같은 우렁찬 음성을 가지고 있단 말이냐? 너는 위엄과 존귀로 단장하며 영광과 영화를 입을지니라(욥 40:9~10)라고 호통하셨다. 허다히 크고 작은 교회 신분(직분)의 권위로 행세하다가 나와 이웃이 시험에 빠진다. 그러나, 그러한 시험의 책임을 스스로 느끼는 지도자는 흔히 볼 수 없다.

만방의 족속들아 영광과 권능을 여호와께 돌릴지어다. 여호와께 돌릴지어다(대상 16:28) 교회 일을 하면서 나는 기도했으니 이것이 하나님의 뜻이라고 우겨대고 주장한다. 자기 감정에 하나님을 끌어들여서 접목시키는 위험한 신앙을 버려야 할 것이다. 다윗은 '우리아'를 전쟁터에 보내어 억지로 전사케 하고 그의 아내 '밧세바'를 첩으로 끌어들여 아들을 낳으니 곧 '솔로몬'(평화의 뜻)이다. 부왕 다윗이 죽고 삼대 왕위(BC 970-933)를 이어받은 그의 업적을 보면 다윗이 정복한 온 지역에 대한 주권을 잡았고 팔레스타인에 있는 모든 이방인을 정복하였고 성전을 건축하였으며 솔로몬의 송가, 구약 외전의 하나로 42편을 지었고 솔로몬의 시편 외, 전 18편 등이 그의 업적으로 꼽을 수가 있다.

그러던 솔로몬은 기브온에서 일천번제를 하나님께 드리고 응답의 말씀을 받았으나 환상의 응답을 잊어버리기 시작하여 엄청난 죄를 지었다. 그는 37년간 왕좌에 있으면서 이방인의 여자들로 왕후(후비) 7백 명과 첩(빈장) 3백 명을 한 몸에 거느리고 또한, 후비들이 섬기는 신을 섬기기 위해서 산당을 짓고 우상에 분향하는 죄를 저질러 십계명 중 하나님을 상대로 하는 제1계명에서 제4계명까지 송두리째 죄를 범한 자이다.

많은 첩(1천 명)과 그 몸에서 낳은 자식들과 많은 심복자들을 먹이고 재우는 일로 궁전을 13년간이나 기나긴 세월 동안 호화주택을 지었다. 그러니 백성들을 혹사시켜 세금의 착취, 강제 노동 등으로 악정을 일삼았다. 당시에 심복자 중 여로보암은 반체제자로 몰려 애굽으로 피신하기도 했다.

궁전에서 하루에 먹어치우는 식량으로는 밀가루 30석 굵은 밀가루 60석 살진 소 10마리, 초장의 소 20마리, 양 100마리, 수사슴, 노루, 암사슴, 살진 새들이었다. 백성을 버리고 하나님을 저버리니 하나님께서 분노하시어 말씀하시기를 네가 지은 것이라 할지라도 성전이 내 앞에서 던져 버릴 것이고 속담거리가 되고 전이 높을지라도 무릇 그리로 지나가는 자가 놀라며 비웃는다(왕상 9:7~8)고 하셨으니 지금은 성전 터가 통곡의 벽으로 남아 있을 뿐이다.

성지 예루살렘은 산산이 무너지고 말았으니 솔로몬과 그의 후예들의 행적을 거울삼아 하나님께서 좋아하시고, 사람들이 좋아하는 참 지도자가 절실히 요구되고 있다.

『새누리신문』 1990년 8월 18일

번제보다 하나님을 아는 것

오직 하나님의 옳게 여기심을 입어 복음을 위탁 받았으니 우리가 이와 같이 말함은 사람을 기쁘게 하려함이 아니요
오직 우리 마음을 감찰하시는 하나님을 기쁘시게 하려함이라(살전 2:4)

오늘의 교회

오늘의 기독교는 철저한 율법주의에서 혹은 의식과 제도만을 중시하는 권위주의에서 예수 탄생으로부터 시작된 종교로 유대 종교로부터의 탄압에서 십자가 희생의 제물의 대가와 부활의 계시 종교이다. 인간의 권위주의에서 문자적으로 강요되고 있던 순종 여부가 아니라 하나님 사랑과 이웃을 사랑하는 신앙 본연의 자리로 되돌려놓는 과정들로 오늘의 교회가 이루어졌다고 볼 것이다. 종교의식이나 제도가 진리보다 우선이라고 한다면 오늘날까지도 유대 종교에서 떠나 말고 예수는 일개 예언자로만 혹은 일개 성인으로만 남아 있어야 했을 것이다.

이미 기독교는 1세기에 그리스도에 의해 창시된 계시 종교로 시

작되었지만 뿌리내린 유대 종교의 탄압에도 유럽 지역까지 복음의 터전인 교회가 세워졌다. 드디어 4세기(AD 313년) 콘스탄틴 황제로부터 기독교가 승인을 받아내고 로마제국의 국교로 공인되었다. 그 후 의식이나 제도를 궤도 수정하고 11세기에 동방정교회가 동유럽과 소아시아지역에 독립해 나갔다. 그 후 16세기(AD 1517년)에 마틴 루터는 교회지도자들의 권위를 하나님의 권위 즉, 달리 말하면 성경의 권위보다 우선시했던 것과 만인 제사장론을 비롯 95개 조항을 내걸고 로마 가톨릭에서 타락한 지도자의 권위주의 화신으로 군림하자 교회는 개혁하고 독립하였다. 프로테스탄트(개신교 탄생) 운동이 16세기(AD 1517년)에 독립하고 오늘의 교회는 교리의 본질에 속하는 것으로 그리스도를 통해서만 구원이 있고 하나님을 알 수 있게 되었다.

그러기에 성경은 유일한 계시의 책이자 하나님의 말씀으로 고백하는 신앙으로 그리스도를 삼위일체의 주로 믿는 공동체인 교회로 성장하고 있다. 그렇다고 보면 본래의 영적 위치로 되돌려 놓는 힘은 하나님으로부터 오는 것임을 믿고자 하는 것이다.

오늘날 기독교는 수적으로나 외양적으로는 팽대해 있으나 수다한 문제점과 어려움을 안고 있다. 20세기의 위기 속에서도 기독교는 끊임없이 개혁하여 가면서 그 본질 곧 진리의 사명을 다해야 할 것이다. 하나님을 알고 경외하는 것이어야 하건만 종교의식이나 제도가 인간의 속성에 맞춘 구조 속에 예수를 가두어 둘 수만은 없기에 성경을 바로 보고, 바로 알고, 바로 가르쳐야 하겠다.

눈가림만 하여 사람을 기쁘게 하는 자처럼 하지 말고 그리스도의 종들처럼 마음으로 하나님의 뜻을 행하여 단 마음으로 섬기기를 주께하듯 하고 사람들에게 하듯 하지 말라(엡 6:6~7). "오직 하나님께 옳게 여기심을 입어 복음을 위탁 받았으니 우리가 이와 같이 말함은 사람을 기쁘게 하려함이 아니요 오직 우리 마음을 감찰하시는 하나님을 기쁘시게 하려함이라"(살전 2:4)라고 경고하셨다.

그렇다면 회칙이나 정관이나 헌법 그 외의 것 어느 것도 사람의 말장난으로는 하나님의 진리를 추월할 수는 없는 것이라고 힘주어 말하고 싶다. 그러기에 교단총회 차원에서 '경건 절제'의 운동을 펴고 있음은 바람직한 일이라고 본다. 제도적으로 신학박사는 있어도 신앙박사는 없는 것이다. 기독교의 많은 문제가 우리 청소년들 앞에 가로 놓여 있다.

어디를 가나 청소년들을 유혹하고, 넘어뜨리고 대적하는 유해 환경, 공해 환경 속에서 하루도 마음 놓고 지낼 수 없는 형편이다. 신앙 없이는 우리 청소년들은 언제고 빗나갈 여지가 있으며 골리앗의 창에 맞아 죽게 되어 있다. 그래서 청소년기의 신앙이 무엇보다도 중요하다고 생각한다.

아무리 어려운 환경 속에서도 신앙을 갖고 바른길을 선택해 나간다면 우리의 청소년 여러분들도 다윗같이 승리하는 삶을 살 수 있다고 굳게 믿고 있다.

곧 곤고한 날이 이르기 전, 나는 아무 낙이 없다고 할 해가 가깝기 전에 너의 창조자를 기억하라. (전도서 12:1)

『크리스천리포트』 1993년 5, 6월호

법(法)과 예배

사람의 법과 하나님의 법을 혼돈하는 경향을 많이 볼 수 있다. 회의 석상에서 자기 의견을 주장하면서 이것이 하나님의 뜻이라고 우겨댄다. 구변과 억지를 동원한다. 교회나 노회나 총회에서 공공연하게 실수를 범하고 있다. 어찌하여 하나님을 나의 뜻에 접목시키려 한다는 말인지 한심스러운 일이다. 하나님과 내가 동격이라는 엄청난 죄를 짓지 말자는 것이다.

'나도 기도하고 생각한 것이다'라고 우겨댄다. 옛날 구약시대에서는 하나님께서 직접 음성을 들려주시기도 하셨다. 지금의 하나님께서는 침묵하고 계신다. 신구약 66권의 말씀을 이미 다 주셨고, 지금 우리 인간들은 이미 주신 말씀대로 믿고 말씀대로 순종하면 되는 것이다. 정치는 모든 이에게 공통성이 있고 객관적으로 보편타당성을 인정받도록 늘 수정할 수 있어야 한다. 그러나 성경(진리)은 사람의 임의대로 고칠 수 없는 것이다. 회의나 정치는 개방적이어야 하고 민주적이어야 한다. 신앙(예배)은 보수적이어야 한다.

하나님은 처음부터 영원까지 그냥 하나님이시지 사람이 조율하고 재평가 받으시는 하나님은 결코 아니다. 누구든지 나를 믿는 이 소자 중 하나를 실족하면 차라리 연자 맷돌이 그 목에 달려서 깊은 바다에 빠뜨리는 것이 나으리라(마 18:6) 하셨다.

국가나, 사회나, 기관이나, 모임이나 더욱 교회가 지도자를 위해서 있는 것이 아닌 것을 에스겔 선지자를 통해서 분명히 경고하셨다. 하나님의 백성과 양을 위해서 있어야 하고 일해야 한다. 권익과 편익이 또한 자유는 모든 이에게 보장되고 허용될 때 발전이 있고, 서로가 신뢰할 때 지도자가 존경받는다고 본다.

솔로몬은 자기 취향에 맞도록 정치를 했다. 스스로는 잘했다고 자인했을지는 모르나 백성은 싫어했다. 자기의 당대는 편하고 호화찬란하게 살았다. 그러나 백성은 막대한 고생을 했다. 솔로몬은 죽고 그 아들 르호보암이 4대 왕 위에 앉고 그의 부왕의 법을 이어받아 백성을 휘두를 때 백성은 그의 말을 듣지 않았다. 드디어 나라는 남북조 두 동강이 나고(BC 920년) 그 후예들이 서로 다루고 왕들의 권위와 우상 섬기는 일로 하나님의 진노하심에 북이스라엘은 BC 722년 앗수르에, 남유다는 BC 586년 바벨론에 각각 망하고 말았으니, 고작 334년간 분열의 나라는 종지부를 찍게 된 것을 보며 우리는 존폐의 가치를 재삼 인식해야 된다고 본다.

자기의 영예를 위해서 백성을 제물로 여겨서는 안 된다는 교훈이다. 정치는 개방해야 하고 신앙은 절대 보수적이어야 한다. 곧 예배는 경건해야 하고 신령과 진리로 드리어야 한다고 말씀하셨다. 신앙

(예배)은 발달하고 발전할 수 없다. 신앙은 문화와 세상과 동반할 수 없다. 신앙은 초대 교회(사도시대 마가의 다락방)로 되돌아가야 한다. 신앙은 절대로 보수적이어야 한다.

『한국기독공보사』 1991년 1월 19일

교회에서 예배 중 대표기도

예배의 주인은 하나님이시기 때문에 하나님을 기쁘시게 하는 기도가 바람직한 것이다.

공식적인 교회에서 드리는 기도(대표기도)는 하나님께 드리는 순수한 예배이기 때문에 회개의 부분 외에는 하나님의 영광을 위하는 내용이어야 하지, 인간의 속성에 필요로 하는 내용이 섞여서는 공기도라 할 수 없다. 드리는 예배는 하나님을 기쁘시게 하는 기도라면 최고의 기도라 할 수 있다.

어휘 내용이 잘되고 못 되는 것도 문제가 될 수 없다. 다만 드리는 예배는 거룩하고 하나님의 권위로 드리는 예배가 되게 해달라는 기도를 해야 한다. 어려운 말이 필요치 않고 순수하게 참석자 모두에게 공감대를 이루어야 한다. 자기감정에 도취 돼서 시간 가는 것도 모르고 5분 이상이 걸리지 않도록 노력해야 한다.

교회에서 드리는 예배의 기도는 누구의 개인을 지칭하면서 개인을 위하는 내용의 기도도 바람직하지 못한 것이라 본다. 예배 순서를 맡은 자들을 위해서 하는 기도는 실수 없이 온전하고 거룩한 예배로 드리게 해달라는 기도는 옳다고 보겠다. 공기도는 사인(私人)용화 하지 말 것이다. 엘리야가 갈멜산에서 기도한 것을 보면 순수하고 간절한 기도에 하나님의 권위를 위해서 드렸던 기도로 승리의 기도가 된 것으로 응답하셨다.

엘리야의 영광이 아니고 하나님께 영광이 되었다. 혹 예배를 통해서 은혜 받았다고 하는 말이 있다. 예배는 하나님께 드리는 것이지 받는 것이 아니다. 단, 은혜 받는다는 것은 하나님께 영광을 드리는 자체가 드리는 자에게는 기뻐서 은혜가 되는 것이다.

영광, 영광 하나님께 영광, 아멘.

『영성소식』

축복과 복

우리 모두는 신, 불신 간을 막론하고 잘살고 편히 살고 즐겁고 오래 살고 싶어 하는 것을 부인할 자는 아무도 없다. 그래서 서로 간에 안부를 전하고 축사 혹은 축원이나 기도로 복을 비는 것이라 하겠다.

어떠한 문헌상에도 복을 사람이 준다고 하는 책자를 본 적도 학문도 없다. 본인은 그 내용을 알게 된 후로는 하나님께 축복하시라는 기도나 말하는 것을 무척 조심한다.

우리는 하나님 말씀대로 살아야 한다고 성경을 읽고 가르친다. 강단에서 허다히 막대한 실수를 범하고 있다. 하나님께 축복해 달라고 또한 하나님께로부터 축복 받으라고 예사로 하는 소리를 귀가 아프게 듣고 있다.

'祝'은 '빌축 자'로 나는 할 수 없는 것이니 복을 소유하신 분(하나님)에게 빈다는 뜻이고 '福' 자는 주실 것 혹은 주신 것을 받았다는 것인데도 하나님에게 복을 빌어 주시라고 부탁하는 말로 하나님을 격하시키는 죄를 하루에 수십 번을 범하고 있음은 참으로 한심스러움이 아닐 수 없다.

본인은 성경을 창세기에서 계시록까지 수십 번은 통독을 했으나 단 한 군데도 하나님께서 축복하셨다거나 축복하신다는 부분은 전혀 본 일이 없다. 하나님은 복(福)을 소유하고 계시고 최고의 분이신데, 누구에게 복을 빈다는 말인가?

하나님께서 복 주셨다. 혹은 하나님의 복을 받으라 하셨고 하나님께서 복 주시기를 원한다고 하셨다. 구교에서는 절대로 축복이라 하지 않고 降福(강복)이라 한다. '降' 자는 '내릴 강' 자로 복을 내려 주신다는 의미가 더욱 옳다고 본다. 그러나 우리 개신교는 구교에서 쓰이는 말을 같이 쓰지 않는다고 해서 '祝福(축복)'이라고 하니 '축복'은 사람이 사람에게 하는 말이고 복은 하나님께서 직접 행사하시는 근거를 필자가 아는 대로 열거하겠다.

'아브라함'이란 이름을 고쳐주시기 전 '아브람'에게 하신 말씀으로 창세기 12장 3절에 너를 '축복'하는 자에게는 내가 '복'을 내리고 너를 저주하는 자에게는 내가 저주하리니… 하셨고, 창세기 27장 29절 하반절에 네게 축복하는 자는 복을 받기를 원하노라 하셨다. 또 민수기 22장 6절 하반절에 그대가 '복을 비는 자'는 '복'을 받고 저주하는 자는 저주를 받을 줄을 내가 앎이니라 하셨고 민수기 24장 9절 하반절에 너를 '축복하는 자'마다 복을 받을 것이요 하셨다.

우리는 성경의 근거 외는 어떠한 다른 학문으로는 성경에 항변할 수 없다는 진리로 살아야 할 것이다. 그래서 최근 교단 차원에서 축도의 어구 논쟁이 수년씩 끌고 가다가 드디어 '축원합니다'로 결의한 사실이 있음은 한국 교회가 제대로 걸어가자는 일에 감사할 일이다. '축복'은 사람의 행위이고 '복' 주시는 일은 하나님만의 행위라면 우리는 결코 하나님을 격하하는 범죄도 짓지 말고 하나님만 하시는 일에 끼어드는 죄를 범하지 말아야 하겠다.

『장로신문』 1990년 1월 13일

모세와 아론과 훌

협력의 조화를 이룰 때 교회는 성장한다.

모세(MOSES)는 그 뜻이 '물에서 건져 냄'이란 의미를 부여된 사람으로 주전 1574년에 애굽에서 출생 이스라엘 백성을 애굽에서 구출한 위인으로 그의 생애를 3기로 나눌 수 있다. 아론(Aaron)은 고상하다는 뜻을 지닌 모세의 형으로 출애굽 당시 홍해를 건넌 후 레위지파에서 여호와께서 세우신 제1대 대제사장이다. 이 존귀는 아무나 스스로 취하지 못하고 오직 아론과 같이 하나님의 부르심을 입은 자라야 할 것이니라(히 54) 하신 말씀이 뒷받침하고 있다. 그의 부친은 아므람, 모친은 요게벳, 누이는 (손위) 미리암, 아우는 모세, 처는 엘리세바 아들들은 넷인데, 나답과 아비후는 여호와께 성화로써 체사하지 않은 죄로 즉사하고 엘르아살과 이다말이 대신하여 제사장이 되었다.(레 10:1~7)

훌(고귀하다의 뜻을 지닌 자로)은 성경상에 특별히 활동한 바 없다. 다만 아말렉과 전쟁 때 느디님에서 아론과 모세의 손을 붙들어 주었고(출 17:10) 모세가 시내산에 올라갈 때 아론과 같이 치민한 직분을 받았다고 되어 있다.(출 24:14) 어느 문헌상에는 유대 사람들은 모세의 손위의 누이인 '미리암'의 남편이라고 했다.(이 전설은 유대 나라의 역사이니까 그 나라의 역사를 믿어 중직함) 그렇다면 세 사람은 특수한 관계로 맺어진 사이였다 하겠다.

모세의 생애를 3기로 나누면 애굽에서 출생하여 40년간에 미술, 해몽학, 무복술 등의 최고의 교육을 받았다. 동족애의 정신에서 애굽인을 살해하고 '미디안'에 피신했고 제2기는 미디안에서 추장이며 제사장인 이드로의 딸 '십보라'와 결혼하였으며 장인의 목축업을 도우며 40년간을 지냈다. 제3기는 출애굽 당시 100여만 명을 거느리고 가나안을 정복하기 위하여 시내 광야에서 40년간을 굶주림과 추위와 전쟁을 겪은 사람으로 민족의 지도자이다. 출애굽 당시에 애굽 왕 바로가 허락하지 않으니 10차례나 담판을 짓는 민족을 위해서 절대권자인 바로와 투쟁 끝에 결판을 낸 사람으로 뼈를 깎는 각고의 고뇌와 허기진 고통을 겪으면서 백성들의 원망을 들을 때 오죽했으면 하나님을 원망하기도 했다.

이 모든 백성을 내가 잉태하였나이까? 내가 어찌 그들을 생산하였기에 주께서 나더러 양육하는 아비가 젖 먹는 아이를 품듯 그들을 품에 품고 주께서 그들의 열조에게 맹세하신 땅으로 가라하시나이까?(민 11:12) 하는 소리를 들어 볼 때 충분한 이해가 간다. 정복하지도 못하고 몸이 늙고 병이 들며 요단강을 건너지 못하고 드디어는 '비스가산' 혹은 '느보산'에서 120세 일기로 죽고 후계자로 가나

안을 정복하게 했다. 하나님은 씨를 뿌리게 한 자와 거두는 자로 따로 예정하시는 진리를 얻게 된다.

그런즉 한 사람이 심고 다른 사람이 거둔다 하는 말이 옳도다(요 4:37 하셨다. 모세, 아론, 훌(성경에는 친구로 표기됨)이 양팔 한쪽씩 치켜 올려 주어 기도케 하니 그 전쟁에서 승리로 끝이 났다. 혹자들은 아론과 훌이 모세를 섬기고 깍듯이 받들었다고 임의대로 주석하지만, 성경을 깊이 이해하고 보면 모세를 섬긴 것만으로 단정할 수는 없다. 그것은 뒷받침을 근거로 들자면 모세는 동생이고 민족 지도자이다.(신앙적으로는 평신도라 할 수 있다) 아론은 형이면서 분명하게도 이른 바 제사장이다. 제사장이 평신도를 섬기고 우러러 받들었다고 할 신앙적인 뒷받침이 될 수 없다. 또한 '훌'이란 사람은 모세의 손위인 누이 '미리암'의 남편이다. 어떻든 세 사람은 특수한 인연을 맺고 있다 할 것이니 친인척으로 아주 멋진 성업을 이루었다. 섬긴 것이라기보다는 협력, 협조를 혼자의 힘이 아니고 동역(同役)자라고 하는 의미를 부여해 봄직하다.

교회는 누구의 혼자의 힘으로는 불가능한 것이다. 팀(team) 목회라는 말은 틀린다. 각각 받은 은사대로 목회, 전도, 구제, 행정, 봉사의 각 분야에 전문인으로, 전문 분야에 전담시키고 하모니(화음)를 이루고 합주곡이 울려 퍼질 때 교회가 은혜가 있다.

몇 명이 모이느냐는 것도 중요하지만 교회가 어떻게 하느냐가 더욱 중요하다고 오늘의 교회들이 입을 모으고 있다. 그리스도의 말씀이 너희 속에 풍성히 거하여 모든 지혜로 피차 가르치며 권면하고 시와 찬미와 신령한 노래를 부르며 마음에 감사함으로 하나님을 찬양하고(골 3:16) 하셨으니 권위가 아니고 지배가 아니며 협력과 존경과 횡적 인간관계가 조화를 이룰 때, 하나님께서 보실 때 좋았더라 하시는 음성을 듣고 싶다. 그러기에 바울은 하나님의 영을 받고 교회들을 보고 이외의 일은 고사하고 오히려 날마다 내 속에 눌리는 일이 있으니 곧 모든 교회를 위하여 염려하는 것이라(고후 11:28) 하셨다.

『영성소식』

죄를 회개하자

　사람은 누구나 죄인시 당하는 것을 몹시 싫어하는 것에 공감하면서 이웃을 심하게 목청을 높여 '너는 죄 있으니 회개하라'고 질타하는 것을 들어볼 수 있다. 사람의 육안으로 볼 때 상대가 실수하고 사회적으로나 종교적으로 기본적인 도덕성을 잃고 사는 모습을 보고 죄악으로 느낄 수 있다. 그러나 그것들이 시각적이거나 피부로 느낄 때만 죄악시하고 죄로 단정할 수 있다.

　그러나 행동으로 죄를 짓기 전에 이미 심리적으로 죄를 짓고 있는 것을 타인의 눈에 띄지 않고 있다. 다만 하나님만 알고 계시고 스스로는 죄악을 의식할 수 있다. 비록 본인은 죄가 있을지라도 죄를 지적하는 사람이 있다면 그 사람을 좋아하는 사람은 없다고 보겠다.

　현장에서 붙들린 강도에게 너는 강도질을 하는 나쁜 죄인이라고 한다면 그 강도는 적반하장격으로 도리어 매를 들 것이라고 한다. 죄 없는 사람은 하나도 없다고 단언하신 성서를 생각해야 한다.

교회는 죄인이 모여서 모두가 회개하고 예배를 드리려고 모이는 것이건만 너만 죄인을 회개하라고 하는 가관을 보인다.

욥이 죄 없는 것을 하나님께서도 인정하셨으나 시험을 당할 때 문병차 찾아온 친구들에게 나는 죄 없는 사람이니 회개할 것 없다고 찾아온 친구들과 언쟁이 벌어졌을 때 하나님의 우렁찬 음성으로 욥아 너는 죄가 없기로서니 왜 의인인 척하고 죄 없다고 하느냐고 경고하셨을 때 욥은 귀로만 듣던 주님을 눈으로 보나이다 하고 고백했으며 욥을 죄인시 하고 회개하라고 하느냐고 책망하신 것을 알아야 한다. 죄 없다고 하는 죄도 짓지 말고 형제에게 죄를 회개하라고 정죄하는 죄를 짓지 말아야 할 것이니 '우리 모두가 같이 회개하자'고 자신을 포함시키는 것이 바람직하다고 볼일이다.

『기독교연합신문』 1995년 10월 8일

예배는 '보는' 것 아닌 '드리는' 것

인간의 최초 제사는 가인이 땅의 소산으로 제물을 삼아 여호와께 드렸다(창 4:3)고 하는 기록에서 볼 수 있다. 이어서 아벨도 양의 첫 새끼와 그 기름으로 제사를 드렸다.(창 1:4) 드린 제품의 가치와 정성을 구분하시고 가인의 것은 외면하시고 아벨의 것은 열납하셨다. 일이라는 뜻은 기쁘게 받다의 뜻이 있으니 받으시는 하나님께 드리는 사람들의 행위이다. 가인의 제물이 땀을 흘린 것(수고한 것)이라면 아벨의 제물은 희생 제물이라고 구분하셨다는 말씀이시니 두 사람은 모두 한결같이 하나님께 드리고 바치어서 여호와를 즐겁게 해 드리려 했다는 것을 알게 된다.

한 아버지의 생일에 동생의 선물은 칭찬하시고 나의 선물을 보고서는 칭찬 없이 쉽게 버리시는 것을 보고, 아버지를 원망할 수 없어서 동생을 시기하게 되는 것을 보면 우리 인간들은 칭찬의 욕심, 사랑의 욕심, 관심의 욕심을 부인할 여지가 없는 것 같다.

윗사람에게 바친다. 하나님께 바친다는 것은 바치는 물건도 물건이지만 바치는 자의 태도도 중요시되는 것이라 하겠다. 바치는 물건을 받는 분이 보는 것이고 나는 드린다고 할진대 예배 드리고 바치는 것이지, 어찌하여 우리는 예배를 본다고 할 수 있는가.

예배를 보시는 이는 하나님이시고 우리는 드리고 바치는 것으로 감사해야 할 것이다. 구역예배를 누구네 집에서 보느냐고 하는 말을 허다히 들을 수 있고 예배 중에 전화가 걸려올 때 지금은 예배보고 있으니 후에 다시 걸으라고 서슴없이 하는 말을 흔히 들을 때마다 한심스러울 때가 많다.

예배를 통찰하신다고 하셨으니 우리는 마음의 준비, 예물의 준비, 태도의 준비를 하고 정성으로 경건하게 드리는 것일진대 우리 사람이 보고 판단하는 것이 아니다. 하나님께서 보시고 판단하시며 버릴 것 버리시고 받으실 만한 것은 골라서 받으신다, 할 것이다. 신령과 진리로 예배를 드릴 것이라 하셨다.

드리는 예배자도 기쁘고 받으시는 하나님께도 기뻐하시는 일이고 보면 주일은 정녕 축제의 날이라고 보아야 하겠다. 우리는 바치면서도 감사하며 기뻐하는 것이다. 성경을 보면 모두 '드리다 바치다'라고 되어 있지, '본다고 보았다'라고 하는 부분은 단 한 군데도 찾아볼 수가 없다.

드린 것을 열거하면 십일조, 제물, 예물, 번제, 화제, 화목제, 소제, 거제, 요제, 서원제, 속건제, 속죄제, 경배, 제사, 희생, 수컷, 기름, 수양, 숫염소, 몸, 첫 새끼, 처음 익은 것 등을 거룩히 드리고 감사함으로 즐거이 여호와께 들릴 영적 예배니라 하셨다.

우리는 하나님을 사랑하며, 감사하며, 기뻐하며, 두려워 떨리는 마음으로 대하여야 할 것이다. 그렇다면 예배는 분명 드리는 것이라 하겠다.

『크리스찬신문』 1991년 4월 20일

가정과 교회

　보이는 이웃을 사랑하는 것은 보이지 않는 하나님을 사랑하는 연습(요일 4:12)이라 하겠다. 감독의 직분을 얻으려면 자기 집을 잘 다스려 자녀들로 모든 단정함으로 복종케 하는 자라야 한다고 하셨다. 교회 지도자가 되기 전 우선 사람 앞에서 인정받아야 된다고 보는 것이다.

　교회에서는 믿음이 없어 보이는 사람은 하나도 없다. 전부가 천사와 같이 보인다. 그러나 가정에서는 남편이 직장에서 밤늦게 지치도록 일하고 집이라고 와서 보면 반갑게 맞이해 주어야 할 아내는 교회에 기도하러 갔다. 썰렁한 방 한구석에서는 어린아이들이 아무렇게나 나뒹굴어 잠들어 있고, 남편 저녁 식사 준비해 놓은 일도 없이 자식을 위하고 남편을 위해서 기도하고 있다고 하니 그것이 사람의 눈으로 볼 때 믿음이 굉장한 것같이 보이려는 것일지는 모르겠다.

　행함이 없는 믿음은 죽은 것이니라(약 2:26). 본인의 교회 목사님의 설교에서 무엇보다 가정을 더 중요시해야 된다고 하신 일이 있다.

어디서 흔히 들을 수 없는 설교이다.

만일 무엇을 배우려거든 집에서 자기 남편에게 물을지니 여자가 교회에서 말하는 것은 부끄러운 것임이라(고전 14:35) 하셨고, 너희는 내게 배우고, 받고, 듣고, 본 바를 행하라(빌 4:9) 하셨다. 아내들이여 자기 남편에게 복종하기를 주께 하듯 하라(엡 5:22). 남편을 무시하고 남편의 흉을 보면서 교회에서만 순종하고 충성하면서 '아멘만 부르짖는' 것은 병든 신앙이다.

본인이 나가는 교회의 여집사님들은 가정과 교회와 인간의 생활이 고르고 모든 면에 최선을 다하는 여집사님들이 여러분 계시는 것을 본다. 얼마나 고맙고 사랑스러운지. 하나님께 영광을 돌리자.

『한국기독공보사』 1991년 6월 1일

'내'가 모든 사람 속에 들어가야 '우리'라 하는 것

옛 속담에 큰나무 밑에서 작은 나무가 클 수 없고, 큰사람 밑에서는 작은 사람이 클 수 있다고 했다.

가족이 한울 안에서 모여 살고 부족이 모여서 집단과 사회를 이루어 서로 돕고 사는 것이며, 열 사람의 밥에서 한 술씩만 뜨면 한 사람이 먹을 밥이 생긴다는 말이 있다.

나를 모든 사람 속에 집어넣어야 비로소 '우리'라 하겠으니 이웃의 관심 속에 포함 시키자는 것이다. 이웃의 어려움 속에 동참하고 나의 힘이 이웃에게 될 때만 '우리'라고 할 수 있다. 이웃의 고통을 외면한다면 나는 나로 항상 남고, 이웃은 항상 이웃으로 남게 되어 있다. 이웃의 경사스러운 일에는 나도 그 속에 들어가서 같이 해주고 진심으로 축하해 줄 때 '우리'라 할 수 있다.

모세의 장인 이드로가 번제물과 희생을 하나님께 가져오매 아론과 이스라엘 모든(우리) 장로가 와서 모세의 장인과 함께(같이) 하나님 앞에서 떡을 먹으니라.(출 18:12) 곧 하나님께 드리는 일로 기뻐할 때

잔(떡)을 모두가 같이 모여서 드림으로(정성) 예배가 형성되었다는 진리를 알아야 한다.

하나님께서도 네게 허락하시면 네가 이 일을 감당하고 이 모든 백성(우리)도 자기 곳으로 평안히 가리라(출 18:23) 하셨다.

왕이 죽으면 모든 백성(우리)에게 금식(고통)을 선포하셨다. 교우의 가정에 슬픔을 당하면 같이 모두 슬퍼할 줄 알아야 한다.

예수님은 나만을 위함이 아닌 전부(우리)를 위하셨다. 오늘의 사회는 나를 찾고 있다. 나는 서슴없이 모든 이의 고난, 고독, 아픔, 억울한 자, 고아, 과부 속에 들어가야 한다. 이를 신앙 안에서 횡적 사랑이라 하겠다.

아비멜렉이 이스라엘을 죽이려 들자 백성이 모두(우리)가 망대로 들어가니 죽음을 피할 수 있었다. 나 혼자가 아니고 모두 같이 들어갔다는 것을 알아야 한다. 예수께서 잔치 자리를 채우라 하시니 종들이 길에 나가 악한 자나 선한 자나 만나는 대로 모두(우리) 데려오니 혼인 자리에 손이 가득한지라(마 22: 10) 모든 자가 같이 즐겨야 한다는 진리이다.

너의 받은 것처럼 모두 같이 받기를 원하셨다. 미리암이 손에 소고를 잡으매 모든(우리) 여인도 그를 따라 나오며 소고를 잡고 춤추니(출 15:20) 많은 사람이 온 마당에서 축제(감사예배)가 되기를 원하셨다.

갈릴리 주변에 키부츠, 공동체 생활에서 돈 있는 자는 돈을 내어놓고도 일을 같이하고 돈 없어서 내어놓을 것 없는 자도 같이 일해서 얻어지는 소득으로 더불어 공동체 생활을 배워야 한다.

예수님은 제자를 고르실 때 천한 고기잡이와 죄인 세리와 의사 등 각 계층에서 지위, 돈, 학식을 초월하신 것을 보면 '우리' 모두는 하나님의 관심 속에 파묻혀 있다고 하겠다. 그래서 모두는 '우리'이다.

『신앙수필』 1991년 6월 5일

전도의 간증

나는 일정시대에 과자를 얻어먹기 위해서 친구 따라 교회에 나가기 시작했다. 예수는 뒷전에 두고 성탄절의 노래와 율동 등 축하의 순서를 구경하는 취미로 예배당에 발을 들여놓은 것이니 주일학교에서 배운 성경 이야기가 신앙이라고는 할 수 없었을 것이다. 중학교 시절에 김은기 장로님(도촌교회 은퇴장로)으로부터 교회 키부츠 운동, 공동체 생활의 신앙생활 신조를 몸소 체험을 받고 예수님의 사랑의 진리가 나에게 들어와 신앙을 알기 시작했다.

중학교(전주동중) 당시 학도호국단 담당 선생님에게 간청하여 기독학생 서클을 승인받아 내는 데 성공했다. 교무회의에서 나는 기독학생회장으로 임명장을 받게 되었고 전교생을 상대로 기독학생을 발굴하여 학교 뒷산에서 매주 수요일 점심시간을 이용하여 기도회를 가졌다. 한 반에 5~6명씩 모이고 보면, 고작 50~60명 정도가 모일 수 있었다. 아마 당시에 공립학교에 기독학생회를 조직할 수 있었던 것은 흔한 일은 아니었을 것이다.

하나님께서 일찍부터 나에게는 전도의 은사를 주신 것으로 알고 감사했다. 길가다가도 사람을 만나기만 하면 전도하고 싶은 생각이 났다. 어릴 때 나의 별명은 고목사로 불렸다. 한번은 중학교 1학년 때 기차 속에서 높은 자리에 올라서서 수백 명의 승객을 상대로 큰 소리로 전도를 했다. 청중은 조용히 듣기 시작했다. 모든 사람은 똑똑한 아이라고 머리를 쓰다듬어주고 칭찬을 해주었다.

말을 할 때는 말에 실수가 없었고 내 자신이 생각해도 전도할 때는 말솜씨가 달라졌다. 성경 말씀이 쉴새 없이 나온다. 부끄러운 생각이 없고 그렇게 기쁠 수가 없었다. 분명 전도의 사명과 은사를 주신 것 같았다. 집사가 되고 33세 때 장로로 피택 받았으나 2년간 장립을 사양하다가 35세에(1971. 5. 23) 장립했다. 교회에서 해마다 전도왕의 자리를 양보해 본 일이 없다. 1900년도에 처음으로 안동헌 집사님에게 전도왕을 빼앗긴 일 외에는 없었다.

성전건축은 직영으로 세 번 해보았다. 1980년 4월 25일에 군산중부교회를 개척하는 멤버로 시작되면서 사무실은 직원들에게 맡기고 전도하는 일이 본업이 되었다. 할 수만 있으면 매 주일에 거의 빠짐없이 전도했다. 전도하지 못한 주일에는 소가 도수장에 끌려 들어가는 심정으로 괴로웠다. 매주 평균 3명 이상 최고 11명까지 하기도 오늘날 내가 전도한 사람들이 집사, 장로, 목사가 되었다.

믿음의 열매들이 집사가 되었다고 전해오는 시외전화를 받을 때는 수화기를 들고 감사하여 같이 울게 된다. 하나님께 감사의 표현을 눈물 없이는 할 수 없다.

전도하다 보니 연고도 없고 집도 없는 언어장애자 이종덕 씨를 전도하게 된 일이 있었다. 설교 시간에는 그가 듣지 못하기 때문에 나는 설교 내용을 써주는 일과 예배 순서를 글로 이해시켜야 했다.

그가 막노동으로 번 돈을 누구에게 빌려주었던 것을 받으러 갔다가 돈은 받지도 못하고 상처가 나도록 두들겨 맞았다는 억울한 소리를 들은 적도 있다. 중간에 이분이 몸이 몹시 허약해진 채 나를 찾아왔다. 연고자가 없는 것을 알게 된 나는 그분을 개인병원, 대학병원으로 전전하며 조직검사와 각종 검진을 받게 했다. 검사결과는 췌장암이었다.

군산 의료원에 입원을 시키고 법적으로 나는 보호자가 되었다. 점점 몸이 악화되고 배설물로 침상을 적시고 몸은 한쪽부터 썩기 시작했다. 악취가 나서 종합병원이라 병실에 사람들의 짜증을 설득시켰고 도리어 나에게는 그들도 전도의 대상이 되기도 했다. 하루에도 몇 번씩 물로 씻고 갈아 입히는 것이 일이다. 그가 운명하기 직전 회개하고 천당에 가라고 마지막 권면할 때 그는 체험으로 받으며 드디어 숨을 거뒀다.

영안실로 입실되고 나는 호상이 되면서 상주가 되고 당회장님이 출타 중이라 장례 일체의 집례를 맡게 되었다. 많은 교인이 나와주고 2일장으로 임피공원묘지에 안장해 주었다. 하관예배 때 이렇게 설교를 했다.

지금 저 석관 속에 누워있는 이종덕 씨는 세상에서 가장 진실한 사람이라고 하나님께서 인정하실 것이다. 왜냐하면, 말 못 하는 벙어리가 무슨 거짓말을 했겠느냐. 나는 진실한 친구를 잃었다. 그러나 그는 말 못 하는 고통도, 췌장암도, 수고도, 고생도 없는 천국에서 편히 쉬고 있다고 믿고 감사한다.

몇백 명을 전도하다 보면 항상 상대자를 위해서 무엇인가 힘이 될 때 전도가 가능했다. 취직을 시켜주고 중매를 서주는 일, 돈을 꾸어주는 일, 재산보증을 서달라는 요구에 거절할 수가 없었다. 무척 보증을 서주었다. 거절하기보다 주는 것이 차라리 편한 것이다. 석유파동으로 사업자들이 무너지니 은행 빚으로 보증인인 나에게 수없이 변제하라는 독촉을 받게 되었다. 드디어 살고 있던 주택도 대출 등의 한계를 넘길 수 없어 경매를 당하기도 했다.

성경에서는 "너는 사람과 더불어 손을 잡지 말며 남의 빚에 보증이 되지 말라. 만일 갚을 것이 없으면 네 누운 침상도 빼앗길 것이라 네가 어찌 그리하겠느냐"(잠 22:26~27) 하셨다. 그러나 또한 "너는 모든 일에 근신하여 고난을 받으며 전도인의 일을 하며 네 직무를 다하라"(딤후 4:5) 하셨으니 결코 후회하지 않는다.

그러므로 우리는 기회 있는 대로 모든 이에게 착한 일을 하되 더욱 믿음의 가정들에게 할지니라(갈 6:10) 하셨건만 오늘의 교회들은 사랑하라는 소리로 교회 벽이 터져나갈 것 같이 꽉 차 있다. 그러나 행동하는 사랑은 없고 높은 사람에게 잘 대접해야 부자가 된다고 가르친다. 가난한 자에게는 구제는 외면하고 있다. 나는 신학을 하고 있는 자식에게 너는 가난한 자와 억울한 자, 아픈 자, 남편 없고,

부모 없는 자를 위해서 목회를 하고 섬기고 주는 목회자가 되어 달라고 이미 유언으로 선언했다. 귀에 공이가 박히도록 부탁을 했다.

약한 자에게는 내가 약한 자와 같이 된 것은 약한 자들을 얻고자 함이요(고전 9:22) 하신 이는 분명 하나님이시다. 이제 하나님께서 나에게 한 번 더 교회를 개척할 수 있도록 기회를 허락하신다면 교회 건물이 없어도 천막을 치고라도, 굴을 파고 예배하면서라도 내가 30대 초반부터 시도하려다 실효를 못 거둔 바 있는 초대교회와 같이 유무 상통하는 공동체 생활(키부츠 생활)화하는 교회를 하는 것이 간절한 기도 제목이다.

전도는 하려고 하면 하나님께서 같이하실 때 가능하고, 전도는 하려는 마음이 없을 때는 전도를 할 수 없게 된다.

한 사람 전도하면 한 번 홈런을 치고, 두 사람 전도하면 연타석 홈런을 치는 기쁨으로 하게 된다. 간증을 생소한 사람이 하게 되면 더욱 은혜가 있는 것 같고 간증을 하는 사람을 알게 되면 평범하게 생각되거나 별 은혜가 없는 것 같은 것이다. 교회길 건너편에 세탁소를 경영하는 사람을 전도한 일을 말하고자 한다. 그는 영세성을 면치 못하기 때문에 무척 힘이 들었다.

세탁소는 세탁물이 많이 들어와야 장사가 되는 것이기에 나는 군산의 친구들 세탁물을 거두어다 주고 나는 며칠 입지도 않은 옷을 거듭 세탁물로 맡기었다. 그래서 남자분은 비교적 쉽게 전도의 홈런을 쳤다. 여자분은 무척 힘이 들었다. 매주 다음 주일로 미루기 때문이다. 개척교회에서 장로가 본인 한 사람이기 때문에 매주 기도하는 순서에 빠질 수가 없다. 몇 시간을 실랑이를 벌이다가 예배시간 5분 전에 문득 성경 구절이 생각이 났다.

'주인이 종에게 이르되 길과 산 울타리 가로 나가서 사람을 강권하여 데려다가 내 집을 채우라'(눅 14:23) 하였으니 부인의 팔을 잡고 있는 힘을 다해서 교회 가자고 억지 떼를 썼다. 부인은 할 수 없다는 듯이 재봉틀을 타고 있다가 벌떡 일어서면서 "아저씨! 징글징글하네요. 교회가 무엇 하는 곳인지 가 봅시다." 하면서 입고 있던 작업복 차림대로 화를 내면서 따라오는 것이다. 뒤를 따라가면서 부인을 바라볼 때 천사를 보는 것같이 보였다.

또 연타석 홈런을 쳤다. "하나님 감사합니다." 전도하게 되면 교회를 같이 걸어가는 심정은 천사와 동행하는 기쁨과 다를 바 없다. 주일마다 대예배를 마치고 2부 순서로 출입문을 잠그고 동그랗게 앉게 하고, 과일이나 떡이나 때로는 국수라도 같이 나누면서 친교하고, 새로 나온 사람들에게 자기 소개 시키며 즐거운 레크레이션을 갖는다.

처음에는 억지로 따라 나온 사람이 교회가 이렇게 좋고 즐거운 곳인데, 장로님은 왜 나를 이제야 전도했느냐고 하는 말을 듣게 된다.

특별히 감사한 것은 주일마다 전교인 상대로 간식을 준비하는 수고해 준 나의 처 박선자 권사에게 늘 미안하고 고마웠다. 한 번도 귀찮다거나 돈 드는 것 때문에 짜증을 내는 일이 없고 기쁘게 봉사해 준 것을 남편으로서 고마움을 잊지 않는다.

한 주일에 전도대상 10명을 목표로 하면 1주간 날마다 그 사람들을 만나야 한다. 다음 주일 교회 나오라고 하면서 억지로 약속을 받아낸다. 열사람 목표로 하면 최고 수확률이 50%를 넘지 못하거나 30% 되거나 한다. 약속대로 손수 스스로 교회까지 나와주는 사람은 10%도 안 된다. 집으로 갈 터이니 기다리라고 하면 대답을 했지만 거의 도망가거나 집에 있으면서도 숨고 아이들을 시켜서 없다고 한다.

하나님께서는 우리에게 쉬운 일만 맡기신 것은 아니다. 그래서 나는 교회에서 10시 반에 만나자고 약속을 해두고 9시부터 급습한다. 첫 집을 돌면서 동행하고 두 번째 집으로 들어갈 때는 잠깐 밖에서 기다리라고 하고 두 번째 사람을 끌고 나오면 기다리게 한 1번째 사람은 도망을 치고 없어졌다. 3번째, 4번째, 10번째 들르는 동안 반절은 놓치고 불과 3~4명 밖이다. 그날의 전도실적을 올리게 된다. 지난주일 놓친 사람은 다음 주일 새벽부터 찾아가서 내 집으로 데려다 놓고 동행하게 한다. 몇 번이고 약속을 어긴 사람을 상대로 화를 내면 전도는 실패한다. 오히려 변함없이 친절하게 대해야 성공할 수 있다. 전도 상담을 할 때는 상대자의 취미, 좋아하는 음식을 먼저 알아내야 한다. 상대편의 입장에서 대화의 소재를 만들어야 호감을 얻고 그 사람의 친구가 되어야 한다. 체면상 거절할 수 없으리만큼 친절함을 주어야 한다.

예수 믿고 병 낫고, 복 받고 천당에 간다고 하는 말은 너무도 흔한 말로 큰 의미를 부여할 수 없다. 성경 진리의 말씀은 교회에서 목사님의 설교를 듣게 하는 것이 좋다.

때로는 점심을 사야 하고 가정을 방문할 때는 아이들의 과자도 잊지 말아야 하는 부담도 무시할 수 없다. 헌금하는 마음으로 전도비가 필요하게 된다. "내 전도함이 지혜의 권하는 말로 하지 아니하고 다만 성령의 나타남과 능력으로 하여 너희 믿음이 사람의 지혜에 있지 아니하고 다만 하나님의 능력에 있게 하려 하였노라"(고전 2:4~5) 하셨기에 전도할 때는 먼저 기도하고 성령께 맡기고 나는 심부름만 하는 것으로 하는 자세로 하는 것이 가한 줄로 안다.

전도하다 보면 어떤 부인은 반가이 대하면서 장로님, 우리 남편을 전도해달라고 한다. 그녀는 처녀 때부터 크리스천 가정에서 모태신앙으로 교회에서 성가대와 주일학교 반사로 열심히 봉사했다. 집안 부모들은 집사, 권사며 삼촌은 목사라고 자랑을 하면서 그러나 남편은 처음의 약속을 깨고 신앙을 거부하고 자기까지 교회 나가는 것을 핍박한다고 호소한다. 다 듣고 나는 그의 남편의 직장까지 찾아다니며 수차 설득시켰다. 그러자 그는 나중에 나갈 터이니 자기 부인은 원래 신자였으니까 장로님의 교회에 나갈 수 있도록 데려가라고 허락하는 것이었다.

그래서 그의 부인에게 그 사실을 알리고 교회에 나가자고 하면 선뜻 따라 나올 것으로 믿었으나 생각보다 도리어 이유를 대고 선뜻 응하지 않는다. 처녀 때의 신앙을 전부 까먹었다는 것이다. 세상과 더불어 살고 보니 교회 나가면 모든 것이 부담으로 여겨지는 것을 볼 수 있었다. 그의 숙부는 특별히 아는 목사님이기에 교회에 나갈 수 있도록 주선하라 했었다.

그래도 교회를 거부하고 미루고 있다. 결혼이 얼마나 중요시되는지 새삼스럽게 느껴졌다. 이렇게 남편의 핍박에 교회에 나가지 못하는 젊은 부인이 내가 아는 숫자만도 5명이 있다. 오히려 입교인(생짜)을 전도하는 편이 훨씬 쉽고 편하다.

나는 자식이 셋이 있다. 자식들에게 전도해야 한다고 강요한 일은 그리 없다. 그러나 아비가 전도에 열중하는 것을 보았다는 듯이 교회 개척 당시 고등학교에 다니는 아들이 학교학습도 받지 아니한 친구를 학생회장으로 추대하고 자기는 총무로 활동하는 것을 본 일이 있었다. 지금은 장로회 신학대학원 3학년에 재학 중이고 서울 창천동 대현교회에서 교육 전도사로 실습을 하고 있다. 둘째는 여식으로 당시에 여중생이었는데 학생회 여학생 대다수가 친구들이었다. 지금은 교역자의 가정에 출가했다. 막내도 역시 딸인데 당시에 주일학교 시절이었다. 주일학교에서 전도왕이 되어서 주일마다 상을 받아왔다. 지금은 신학교 2학년이다. 나는 자식들이 전도하는 모습을 보고 하나님께서는 남달리 전도의 은사를 주신 것을 늘 감사한다. 또한, 처가 주일마다 2부 순서에서 먹을 음식을 준비하는 수고를 잊지 못하며 감사했다. 만일 복음을 전하지 아니하면 내게 화가 있을 것임이로다(고전 9:16) 하셨으니 전도하지 않는 것은 벌을 받는다는 것을 알게 된다.

전도는 하면 할수록 하고 싶은 생각이 나고 기쁘고 감사한 것이며 용기와 힘이 나온다. 로마에서 파송된 총독 베스도가 '네 말은 학문이 너를 미치게 한다' 하니 '바울이 가로되 베스도 각하여, 내가 미친것이 아니요 참되고 정신 차린 말을 하나이다'(행 26:24~25) 했다. 남들이 볼 때 우습고 이상히 여길지라도 전도는 하나님의 절대명령이다. 자기 때에 자기의 말씀을 전도로 나타내셨으니 이 전도는 우리 구주 하나님의 명대로 내게 맡기신 것이라(딛 1:3) 전도는 상대자의 형편에 맞추다 보면 제 것이 손해가 되고 시간을 빼앗긴다는 생각을 하면 불가능한 것이다. 그러나 너는 모든 일에 근신하여 고난을 받으며 전도인의 일을 하며 네 직무를 다하라(딤후 4:5)

한번은 기독교 방송에서 우리 집에 가정탐방을 한다고 한다. 그 이유를 물으니 장로님이 교회 개척한 후 전도를 수백 명을 하고 전도왕이라고 소문을 들었다고 인터뷰를 하자고 했다.

당시에 인터뷰 기자는 고성옥 아나운서이셨다. 나는 한사코 사양했다. 내가 복음을 전할지라도 자랑할 것이 없는데 무어라고 말할 수 있겠느냐고 했으나 밤에 아나운서와 일행이 장비를 가지고 오셨다. 피할 수 없이 묻는 말에 겨우 대답했다. 주위에서 나를 아는 분들이 하는 말을 빌리면 인터뷰에 왜 그렇게 소극적으로 응했느냐고 하는 소리를 들었다. 그러나 한 것이 없는 자가 무어라고 하겠느냐고 했던 일이 있다.

혹 많은 사람이 전도 받고도 나오지 않는 경우가 수도 없이 많다. 그러나 잃은 양을 찾는 심정으로 바울과 같이 제2차 전도 여행을 계속 재전도하는 작업이 평생을 두고 해야 하리라 본다. 또한 그 사람들이 타 교회에서 전도하려 할 때 나는 중부교회에 등록된 교인이라고 대답을 하면서 교회를 나갈 때는 본교회를 나가야 한다고 말했다. 잘 나오다가 쉬는 사람을 만날 때는 상대자를 편하게 해주어야 한다. 화를 내면 형제를 잃게 된다. 무슨 일이 있었느냐고 부담 없이 정을 주고 가벼운 안부를 묻는 것이 좋다. 다음 주일 교회에서 만나자고 하고 지나가야 한다.

때로는 약속을 하고 어린아이 때문에 어렵다고 할 때도 있다. 그럴 때는 아이를 내가 안고 먼저 나선다. 그러면 할 수 없이 부모가 따라 나오는 일도 있다. 그러나 10년째 끈질긴 사람도 있다. 사람의 감정으로는 포기할 수도 있다. 하지만 만나는 대로 실망하지 않고 친절하고 포기하지 않았다는 인상을 주어야 한다.

『크리스찬신문』 1991년 8월 17일

가장 귀한 선물은 '사랑'

생활에 따라서 사람들은 인사와 예의를 갖추고 기쁜 일에는 상대자의 마음을 기쁘게 하는 의미로 축하의 예물이나 선물을 주고받는 것이 좋은 의미가 있는 일로 생각된다. 그리고 좋은 전통이다. 교인이 이주하거나 개업하게 되고 결혼이나, 돌이나, 회갑이 있을 때는 개인이나 교회가 정성껏 선물을 준비하여 축하를 한다. 큰 사업을 시작한 사람에게는 큰 선물을 갖다 주고 작은 사업을 한 사람에게는 작은 선물을 들고 간다.

큰 집이나 큰 아파트를 사는 사람에게는 값지고 큰 선물을 사 들고 예배를 드리러 간다. 그나마 방 한 칸 얻어 전세나 월세로 드는 집에는 작은 선물조차 없는 것을 볼 수 있으니 과연 이렇게 하는 것이 사랑이라고 외쳐대는 교회가 할 것인가! 오죽했으면 오늘의 세태를 몸짓과 노래로 묘사한 모 여자 탤런트가 '잘난 사람 잘난 대로 살고 못난 사람 못난 대로 산다'고 노래 같지도 않은 풍자스런 유행 노래로 세상을 뒤흔들어 놓은 것을 볼 수 있다. 이 노래를 부르면서 즐기고 뛰는 철없는 세 살이 틀을 벗어나지 못하는 교회가 되어서는 안 된다.

'나'가 아닌 '우리'가 되어야 한다. 돈이 많고 지위가 높은 사람이 하나님으로부터 더욱 큰 사랑 받고 인정받는다는 성경은 없다. 돈이나 지위를 어떻게 벌고 얻었는지가 중요시되거나 소중하고 문제시되는 것이 아니고 어떻게 쓰이고 어떻게 헌신하느냐가 더 중요시되고 요구되는 것이다.

'우는 자들과 함께 울라'(롬 12:15) 하셨다. 방 한 칸 없는 사람에게는 사랑이 더 요구되고 선물이 더욱 요구된다.

사람이 강자가 되고 싶고 힘 있고 부자가 되고 싶은 것이 결코 죄는 될 수 없다. 다만 어떻게 사느냐가 더 중요시된다. 큰 부자는 약자로부터 존경의 상대가 되고 부러움의 대상이 되어야 한다. 속담에 큰 나무 밑에 작은 나무가 덕을 볼 수 없으나 큰 사람 밑에서 작은 사람은 덕을 볼 수 있다고 했다. 돕고 사랑하는 것은 우리가 믿는 예수님의 말씀이다. 그렇게 될 때 예수님은 기뻐하신다.

공산주의가 한결같이 공평하게 살자고 하는 의미는 있을지언정 거기에는 희생이 없고 사랑이 없고 하나님을 거부하는 곳이기에 모두 망하고 말았거나 망하고 있는 과정에 있다. 서로 돕고 사랑한다는 것은 희생과 봉사가 아니고는 결코 불가능한 것이라고 성경에서 가르치고 있다. 가난하고 병들고 고아나 과부나 나그네에게도 큰 선물을 주고 부자에게도 큰 선물을 주는 것이 사랑의 표시라고 생각한다.

『기독교연합신문』 1994년 2월 6일

헌금과 복채

구약 때에는 하나님께 나아가 제사를 드릴 때마다 제물을 바쳤다.
유대인의 가장 오래된 속건제는 제물을 물로 씻은 후 불에 사르는 제사로 아침, 저녁 또는 초하루와 안식일 무교절과 속죄절에 지낸다. 소제는 곡식으로 드리는 곡제라고도 하며, 밀가루로 무교병(누룩을 넣지 않은 떡)을 찌는 것인데 소금과 유향을 가미했으며 극빈자가 드리는 속죄제로 인정하신 것으로 노동의 헌신으로 표시되었다. 속건제는 생 죄의 일종 죄제와 같은 것으로 범죄함에 언약의 관계를 파괴하는 사기 행위를 한 경우, 속건제를 드렸다.(레 5:4~19)
속죄일은 매년 7월 유대인의 제일 큰 절기로 지내는 것으로 금식하고 이날에 국민은 철저히 청결했다.(레 16:23, 26~32) 화목제는 짐승의 희생으로 바치는 제사인데 하나님의 진노를 피한다는 제사이니 하나님과 사람 사이에 화목 하는 뜻으로 드리었다.
요제는 제사장의 취임 때 드리는 흔들어 대는 제사로 제단에 제물을 태우기 전에 희생시키는 제물의 오른쪽을 수평으로 들어 제단을 향하여 드리고 난 다음 다시 내린다. 드린 것을 도로 물려받는다는 상징이다.(출 29:22~27, 레 8:25~28)

이와 같이 제사를 드릴 때 빈손으로 나가지 않고 짐승이나 곡식을 가지고 바치던 것을 오늘의 은혜의 시대에 와서는 희생의 제물(짐승이나 곡물)이 아니고 현금으로 바치게 된 것이다.

예수님의 탄생 당시만 해도 축하하는 경배자가 예물을 드린 일과 마르다가 옥합을 깨고 나르라고 하는 향유로 예수님의 발을 씻어 드리기도 했으나 오늘날 현금으로 드리게 된 것은 예수님께서 사랑의 상징으로 오셨기에 헌금을 가지고 레위지파(오늘의 목회자) 성막 지키는 자(수호) 나팔 부는 자(성가대)와 고아와 과부와 나그네를 대접하라고 11조의 제도를 선포하셨다.(신 26:12)

제물이든 예물이든 헌금을 하나님께 감사하는 의미로 드리는 것이니 바치면서도 감격스러워 눈물을 흘리는 것이다. 오늘의 교회는 헌금을 많이 바치면 많은 복을 받게 되어서 부자가 된다고 가르치고 있다. 그래서 기복의 병든 자로 만든다. 신앙적으로는 부자가 존재할 수 없다. 주라고 하신 것을 주지 않고 곡간에 쌓아둔 것은 하나님의 진리를 거부한 것이라고 보아야 한다. 헌금하는 것은 받은바 은혜가 감사하기에 하나님께 영광을 돌리는 것 외에는 따를 수가 없는 것이다. 부자가 되게 해달라는 조건을 붙이는 헌금은 무당에게나 점쟁이에게 주고 잘되게 해달라는 복채(卜債)나 다를 바가 없는 것이다.

헌금은 장삿속으로 드리는 것을 삼가고 하나님의 뜻을 이루시는 일에 쓰여 달라고, 그리고 하나님의 영광을 위해서 쓰여 달라고 하고 기도하면서 드리는 것이 바람직한 헌금이다.

『기독교종합뉴스』 1993년 2월 10일

신학교와 신학생을 줄이라

오늘의 사회는 팽창시대가 되고 있다. 돈의 팽창, 사람의 팽창, 자동차의 팽창, 공해의 팽창, 모든 것이 꽉 차 있어서 사람이 살아가는데 피곤하고 번민의 시대 속에서 정신 착란증에 걸려 있다. 물론 모든 것이 풍부하고 넉넉해서 좋은 점을 무시할 수는 없다.

그러나 사회의 성장에는 균형이 맞아야 되고 수요와 공급이 평형을 이룰 때 생산자와 소비자가 서로가 안정이 오고 균형에 맞는 발전이 오는 것이건만 과잉 생산은 과잉 소비를 불러일으키고 생산품은 천대를 받게 되어 있다.

회계법에서 전문용어를 빌리면 '재무제표'라는 말이 있고 그중에서 '대차대조표'가 있다.

장부상에 대변이 많아지면 차변이 낮아지고 차변이 많아지면 대변이 적어지는 수학적 원리가 나오는데 은행과 거래자는 서로가 상반되는 대차변의 변수가 있는 것으로 서로가 균형을 잃으면 서로가 문제를 안게 되어 있다.

오늘날 목회자가 1년에 초교파적으로 6천 명의 신학생이 배출되고 있다는 말을 들어본 적이 있다. 3분의 1 정도는 정년 은퇴를 한다고 볼 때 적어도 1년 동안 교회가 4천 개가 새로 세워져야 목회자들이 사역할 수가 있다고 보겠는데 그렇지 못할 때 신학교를 졸업하고 설 곳이 없으니 적지 않은 문제로 남아 있다.

물론 교회를 짓고 새로 배출되는 목회자들이 때를 맞추어 교회를 맡고 일하게 되면서 새로 세워지는 교회에 전도가 되어서 교회의 구실을 할 수 있다고 하면 하나님께 영광이 되겠다. 하지만 현재 있는 교회도 할 수 없어서 주간지마다 광고란을 보면 하던 교회도 방매한다고 아우성들이다. 신앙지인지, 복덕방을 하는 광고지인지 혼선이 온다.

이단이 아닌 이상 군소 교단은 무리하게 신학교를 세우고 낭비나 남발을 할 것이 아니라 기존 큰 교단의 신학교에 위탁 교육을 시키고 해당 소속한 교단의 정치나 헌법 등 필요한 부분만 별도 약식교육 제도를 활용하는 것이 바람직하다고 감히 필자가 제언하고 싶다.

미국에서는 목사, 의사, 교사의 직업을 가장 존경스러워한다는 말을 들어본 적이 있다. 한국도 그러한 영향을 받았다는 듯이 그 붐이 일었는지 오늘날 의사가 남아 돌아가고 목사가 남아 돌아가고 있다고 한다.

종합병원 등쌀에 개인병원이 불경기가 오고 교회는 기하급수로 늘어가고 있으나 비신자 전도해서 자리를 채우는 것이 아니고 기존 교인을 놓고 쟁탈전이 되고 있는 현상이니 참으로 한심스러운 일이 아닐 수 없다.

　해를 거듭할수록 교세는 줄고 교회는 늘어만 가고 있으니 안타까운 생각이라고 안이하게 보는 시각이지만 밖에서 보는 눈으로는 욕거리가 되고 있음을 그냥 좌시만 할 수 없게 되었다. 시골 농어촌 교회는 교회들이 합치자는 소리가 있다는 말을 들어본 적이 있다. 어떻게 보면 그러한 방법이 바람직하고 선한 방법인지도 모르겠다.

　만사운동(萬四運動)이란 역사(役事)를 이루자는 큰 목소리 앞에서는 통할 수는 없는 말이지만 참으로 미자립 교회의 실정을 보면 소득원이 없는 노약자들로 10여 명 안팎이 되는 교인으로 어떻게 교회를 꾸려나갈 수가 있겠는가. 이 걱정이 필자만의 몫으로만 생각할 수만은 없는 긴박한 문제로 남고 있다.

　약자를 돕고 약한 교회를 돕고 어려운 목회자들을 돕는 것이 바로 성서이련만 말은 풍성하고 행동이 없는 현실 교회들이다. 농어촌 교회는 도시교회의 양성소로 전락한 지 이미 오래다. 학교가 통폐합하고 있고 교회도 그리하자는 소리가 그냥 지나고 마는 처사가 되어서는 하나님께서 원치 않는 일이라고 생각된다. 큰 교회들은 미자립 교회를 맡고 경상비를 비롯해서 목회자들의 생활비며 자녀교육비를 전담하는 일이 어떻게 보면 만사운동(萬四運動)에 앞서 할 일이 아닌가 하고 생각된다.

　속담에 산토끼 잡으려다 집토끼까지 놓친다는 말이 있다. 집안일을 잘 단속하고 밖의 일을 하는 것이 순서라고 본다. 앞문으로 들어오고 뒷문으로는 세어나가는 꼴이 되어서는 안 되는 것이다.

일꾼이 필요해서 목회자를 양성했으면 일감을 주고 사역할 수 있도록 교계에서는 제도적인 장치가 시급해지고 있다. 사역지가 없어서 놀고 있는 목사나 목사 후보생이 부지기수라고 보겠는데 할 수 있다면 그 통계를 내어 봄직하다.

하나님의 종이라고 하면서 사역지가 없어서 일감 없는 목회자가 놀고 있다는 것은 큰 교회가 교회를 개척하고 또한 부목사를 양성화해서 팀목회 하는 제도가 바람직하다고 감히 제언한다.

『장로신문』 1997년 7월 12일

내가 먼저 마시어야 한다

일전에 모 노회 알지도 못하는 모 장로님으로부터 전화가 걸려왔다. 무슨 일로 전화를 했느냐고 물어보니 자기 교회의 사정을 말하고 좋은 자문을 들어보자고 한다.

들어본 내용인즉 자기 교회 담임목사님에 대한 말이다.

목사님과 팔십객 되는 권사님이 같이 심방을 하게 되었는데 할머니 권사님이 목이 마르다고 하시면서 주인 집사님에게 물을 좀 달라고 했다. 떠다 주는 물그릇을 받아 마시려고 입에 갖다 대는 순간 목사님이 하시는 말씀이 팔십객 권사님한테 호통을 치면서 목사가 먼저 마시는 것이지 어찌 권사가 먼저 마시려 하느냐고 하면서 물그릇을 빼앗아 꿀꺽꿀꺽 몇 모금 마신 후 이제는 마시라고 하면서 내밀어 주더라는 것이다.

옛 속담에 찬물도 위아래 있는 법이라는 말을 들어본 일이 있다.

웃어른이 먼저 먹고 후에 손아랫사람이 먹는 것이 동방예의지국이라는 말이 될 터인데, 42세의 목사와 팔십객의 권사님의 나이의 차이는 40년 차이라고 할 수 있겠으니 손자와 할머니의 격이라고 할 수 있겠다. 목사이기 때문에 먼저 순서를 무시했다는데 화를 내었다고 하는 말 같은데 참으로 한심스러운 말이라고 보겠다.

또 하나 실례를 들어보니 50대 되는 모 여집사님이 말을 듣지 않는다고 대중 앞에 불러세우고 앉아! 일어서! 엎드려뻗쳐! 뛰어! 하면서 엄한 구령을 외치면서 기합을 주는 것이며, 주일 학생 예배시에 학생들이 설교하는 목사님의 말씀에 아멘으로 화답을 하지 않는다고 예배의 중간에 예배를 마치지도 않고 사택에 들어가서 자리에 누워버리는 것을 볼 수가 있는가 하면, 교회의 예산 처리하는 일에 교인들은 다 나에게 위임목사로 모든 것(선교, 행정, 예산에 관한 것)들 전부를 위임했으니 간섭을 하지 말라고 하면서 단독으로 일방적으로 처리한다고 한다. 어떻게 하면 좋겠느냐고 자문을 얻자는 전화 내용이다.

마을 주민들이 저런 사람이 목사냐고 하면서 동네에서 저 목사를 멍석말이로 몽둥이로 두들겨 주자는 소리들이 나온다고 한다.

너무도 끔찍스럽고 어처구니없는 일로 나는 통분을 억제하기가 힘겨웠다. 나는 그 교회도 알 수 없고 전화하시는 장로님의 얼굴도 알 수 없는 생소한 장로님이시다.

나인들 무슨 말로 해결책을 찾을 수 있겠느냐고 했으나 고장로님은 각종 지상에 신앙칼럼을 뜻있게 쓰셔서 애독자라고 하시면서 좋은 묘안을 들어보자는 것이다.

나의 대답에 첫째로는 하나님께서 피해자가 되시고, 두 번째로 교회가 피해자가 되고, 세 번째의 피해자는 그 목사라고 대답했다. 그리고 해결의 방법은 먼저 기도할 것이고 두 번째는 당회를 소집하고 교회의 의견을 제시하면서 목사님을 강제로 밀치어 몰아내지 말고 시간의 여유를 충분히 주라고 했다.

후임교회가 나올 때까지 교회가 참고 기도하는 것 말고는 다른 방법을 선택하지 말라고 주문을 했다. 오늘날 신실한 목사님들에게 간접적으로 막대한 피해가 돌아가고 있다 하겠다.

그래서 그러한 목회자들에게 경고하신 에스겔 34장을 읽어보면 알 수가 있다. '너희가 살진 양을 잡아 그 기름을 먹으며 그 털을 입되 양의 무리는 먹이지 아니하는도다 너희가 연약한 자를 강하게 아니하며 병든 자를 고치지 아니하며 상한 자를 싸매 주지 아니하며 쫓긴 자를 돌아오게 하지 아니하며 잃어버린 자를 찾지 아니하고 다만 포악으로 그것들을 다스렸도다'(겔 34:3~4)

교회의 주인은 하나님이시기에 아무도 주인 노릇을 할 수가 없다. 위임자라고 하는 것은 타인의 것을 보관한 물건을 맡고 주인의 필요에 따라서 순종하는 것의 의미가 있을 뿐이다. 은행에 돈을 보관하고 위임한 것을 예금주의 허락 없이 임의대로 빼돌리는 것은 도적이다. 위임목사라고 해서 하나님의 돈을 단독 처리하는 것은 제직회법 이전에 성경을 부인하는 처사이다. 예산집행 하는 문제로 헬라파 초대교회 때들의 문제 제기하는 소리에 사도들은 '형제들아 너희 가운데서 성령과 지혜가 충만하여 칭찬 듣는 사람 일곱을 택하라 우리가 이 일(예산처리 하는 일)을 저희에게 맡기고 우리(사도)는 기도하는 것과 말씀 사역에 힘쓰리라 하니 온 무리가 이 말을 기뻐하여'(행 6:3~5) 하신 말씀은 교회가 문제가 있을 때 기도 소리를 듣고 수용하는 것이 지도자가 선택할 일이다.

교회가 벅찬 일을 무리하게 집행하고 문제가 생기는 것보다 일을 적게 하면서 문제가 발생하지 않는 교회가 은혜가 있고 부흥하는 교회가 된다.

『크리스찬신문』 1997년 8월 25일

목회자들의 경쟁시대가 왔다

오늘날 교인들은 교단과 교회의 소속감이 희박해지고 있다. 이단이 아닌 이상 교단이 어떻고 어느 교회면 어떻냐는 말이다. 예수님의 십자가 의도를 믿고 그 진리대로 살면서 예배하고 헌금도 낼 수만 있으면 많이 내고 선한 사업도 할 수 있는 대로 하면서 죄를 짓지 않고 살다가 죽으면 천당만 가면 된다는 단순 신앙으로 산다는 것이다.

부흥도 그렇고 교회의 청소하는 일도 교회 돈으로 사람을 사서 용역으로 대치하고 전교인 운동회와 전교인 야유회도 의미를 사양하며 가족 단위로 즐기는 여유를 선택하고 있다.

각종 예배는 주일 대예배면 족하지 밤 집회는 참석하지 않았다고 지옥 가는 것은 아니라고 말하고 있으니 옛날처럼 교회에서 지배한다는 것은 통하지 않고 있다. 정신과 몸은 편하고 돈은 할 수 있으면 많이 바친다는 것이다. 그 이유를 필자는 나름대로 분석해 보았다.

교단은 이권 다툼이요, 교회는 권위의 위주이고 보니 갈등과 실망에서 지치고 있다는 것이고 누구의 지배를 싫다는 것이다. 그러한 일들을 탓을 하자 하니 나설 자리를 잃고, 시험에 들 수밖에 없다는 것이고 몸 바칠 필요성이 없다는 것이다.

 어떻게 보면 그 사람들의 철학은 이해할 만도 하다. 교회가 싫으면 좋은 교회로 옮기면 되는 것을 굳이 무엇 때문에 교회의 모순된 문제를 지적할 것이 없다는 것이다. 그들의 실토를 들어보면 구원은 두 몫이 아니라고 한다. 어떻게 보면 각종 교회 행사는 신입 교인들을 위해서 소속감을 주고 교회에다 정을 두고 같이 공동체 의식으로 끌어들이자는 목적이건만 신입 교인은 나와주지 않고 묵은 교인들만 참여하고 있음을 볼 수 있다. 심지어는 연말 즈음해서 신입 교인 환영하는 친목회도 사양을 하고 있으니 이제부터는 교인들에게 실망을 주지 말고 상처를 주지 않는 교회가 살아남을 수가 있다고 본다.

 필자도 교회 개척 당시에 개인 전도를 남에게 지지 않으려고 기를 쓰고 주일마다 몇 사람씩 전도해 보았지만, 이제는 유동성 있는 기성 교인 외에는 순수한 원입 교인을 상대로 하는 전도는 하늘에서 별 따기가 되었다. 타 종교를 가지고 있거나 무신론자이거나 신앙생활을 하다 낙심한 자로 도리어 거부감만 토로하고 있다.

 그렇다고 보면 이제는 교역자들은 권위를 버리고 섬길 줄 알고, 겸손과 사랑과 절정으로 하면서 주는 교회 격식이나 제도보다는 사랑의 공동체 교회가 될 때 문제 있는 교회에서 나와 몰리고 있음을 직감할 수 있다. 필자는 소속 교단 없는 개척교회에서 몇 주간 설교를 부탁을 받고 초대교회의 모습으로 돌아가자고 힘주어 외쳐 보았으나 서둘러 한두 사람이 교역자를 청빙 하고 그 후유증으로 상처 받은 10여 교회로 옮겨 오고 말았던 일이 있었다.

교회가 교인을 선택하는 때가 지나가고 이제는 교인이 교회를 택하고 있으니 참으로 목회자들의 경쟁시대가 왔다는 것이다. 밖에서 볼 때 어느 교회의 목사님의 목회방법이나 어느 교회가 좋은 평을 받고 있는지 너무도 잘 알고 있다. 교회는 소문이 잘나야 교회가 성장하고 부흥되고 있는 것을 부인할 수 없으니 비로소 그리스도인의 교회라고 인정받은 안디옥교회의 모습으로 바뀌는 교회가 되었으면 한다.

『크리스찬신문』 1998년 2월 9일

정치꾼과 정치를 좋게 하는 사람

　오늘날 사람들은 팽창시대 속에서 살면서 그 속을 좋게 사는 사람과 시달리고 지친 사람의 양상으로 구분점이 너무도 현저한 모습을 볼 수가 있다.
　많은 것들 속에서 만족과 희열을 느끼면서도 더 큰 최고가 아쉽다고 보는 욕망에는 아직도 미흡하고 생각에는 감사가 없는 것이다.
　오늘날 교회와 노회나 총회가 순수성을 잃고 누구의 힘에 밀리고 누구의 억양 높은 고성이나 달변에 회원은 장악 당하거나 지루한 시간에 지친 상태에서 교회의 문제를 성서적으로 푸는 것이 아니고 정치적으로 풀어가는 행태를 보시는 하나님께서 과연 어떠한 눈으로 보시고 탄식을 하시고 계실까 안타까운 마음이다.
　거대한 총회가 몇 사람의 몫으로 전락하고 있다는 것이다. 처음으로 총회를 나와보는 사람치고 다시는 총회에 나오지 않겠다고 하는 말을 흔하게 들어본 적이 있다.
　이사야 41장 1절에 섬들아 내 앞에 잠잠하라. 민족들아 힘을 새롭게 하라. 가까이 나아오라. 그리고 말하라. 우리가 가까이 하여 서로 변론하자 하신 말씀을 보면 하나님 앞에서 잠잠하고 소란을 피우지 말라고 하셨으며 모든 사람은 남의 강한 주장에 쉽게 포기하지 말고 서로 가까이 머리를 맞대도 서로 협의하라고 하셨다.

일방통행이 아닌 서로 오고 서로 가는 무리 없는 협의에 의해서 사안을 모든 사람의 의견에 여과한 것을 집행하는 것이 가하다고 본다.

마치 솔로몬의 아들 르호보암이 부친의 왕위를 이어받고 경험이 많고 연륜이 높은 노인들의 의견을 무시하고 자기와 가까운 젊은 친구들의 동요에 말려들어 백성의 의견을 무시하고 독재를 강행했을 때 재야세력으로 바른말하는 여로보암이 솔로몬이 죽었다는 소식을 듣고 본국에 돌아와서 르호보암에게 강하게 선한 정치하라는 자문을 무시하고 독재를 강행하는 것을 보고 열지파가 북을(사마리아) 축으로 하는 나라로 남북으로 갈라지는 운명을 낳게 했다는 좋은 교훈을 우리는 거울 삼아야 된다고 본다.

그리고 두 나라는 결국 이웃 강대국에 각각 망하고 말았다. 교회의 일은 누가 일을 하느냐가 아니라 일을 어떻게 하느냐고 하는 것이 더욱 중요시되고 있다.

교회는 성경 말씀대로 살라고 가르치는 곳이다. 그래서 교회의 주인은 하나님이시라고 하는 것이다.

교회를 성경대로 다스리지 못하는 것은 하나님께서 피해를 보신다는 것을 알아야 한다. 하나님을 만홀히 여기지 말아야 한다. 안건을 회중에게 물어볼 때도 '아니요'라고 하는 소리를 할 수 있도록 시간 여유를 충분히 주어야 한다. 하나님께서는 정치의 대상이 될 수 없다. 섬김의 대상이 되고 예배의 대상이 되시는 분이다.

다만 교회에서 정치로 풀어야 되는 경우가 있다. 쌍방이 모두가 비성서적으로 극한 투쟁으로 맞설 때는 성서적이나 신앙적으로는 통하지 못하게 될 때는 제삼자가 개입해서 부득불 인간적으로 통하는 정치로 해결할 수가 있겠다. 이렇게 되는 경우 비로소 선한 정치라고 하겠으나 교회에서 기본적이라 할 수 있는 선교, 교육, 봉사하는 일에 매사마다 정치꾼들로 압도당해서는 교회가 본질을 잃고 마는 것이다.

교회가 하는 일에서 가장 먼저 할 일은 기도가 수반되어야 한다. 어떠한 사업은 해야만 되는 것이 하나님의 뜻이고 어떠한 사업은 해서는 안 되는 것이 이른바 하나님의 뜻이라고 하는 것이니 하나님의 뜻을 이루자는 일에 정치꾼들의 전용물이 되는 교회는 건물의 규모와 시설에 관계없이 부흥하지 못하고 있다.

교회는 발달이 아니고 초대교회로 되돌아가는 선한 역동작이어야 부흥이 온다는 것을 알아야 한다. 목회자들의 설교가 고차원적이고 철학적이고 문학적이며 형이상학적이라고 은혜가 있는 것만은 아니다.

설교는 감명이 있고 핵이 있어야 좋은 설교이며 장로들의 기도가 고차원적이고 고상하고 달변적이라고 좋은 기도가 아니다.

감사와 회개와 하나님의 뜻을 깨닫게 간절히 호소하고 하나님이 영광이 되는 예배가 되도록 구하는 것이 대표 기도자의 몫이며 장로들의 할 기도라 하겠다.

『장로문학』 1997년 12월 20일

2부
성령과 영성

새 교인은 들어오고 헌 교인은 나간다

오늘날 교인들의 유동하고 있는 현상은 너무도 심해지는 양상이다. 그런데 그러한 이유에 대한 연구발표를 써내는 보고서를 듣거나 본 일이 없다. 그렇다고 보면 한국 교회들이 교인 관리를 소홀히 하고 있다는 것을 단적으로 보여주고 있다, 하겠다.

성서적으로 구약 때를 보면 숫자의 개념을 생각할 수 있다. 전쟁에 나갈 만한 사람 남자로 20세 이상으로 그것도 지파별로 계수한 것이 확실하게 기록되어 있다. 또한, 성막에서 일할 만한 사람 30세 이상으로 50세까지 계수하니 몇 명이라고 확실하게 숫자 파악을 한 것을 보면 사람의 숫자 개념을 얼마나 정확하고 백성을 관리한 것들이 철저했는지 단적으로 알 수 있다는 것이다.

오늘날 교회마다 매주다 몇 사람에서부터 몇십 명씩 새로 등록카드를 제시하고 환영하는 시간에 개인별로 호명하고 축복기도 하여 주면서 환영한다. 거룩한 예배 중에 사람을 위한 축하 박수까지 동원하는 죄를 아무런 의식 없이 소란스럽게 법석을 떨어가면서 임금님 모시듯 하고 있다. 그러나 매주에 모이는 수는 항상 그 숫자를 맴돌고 있는 현상은 과연 무엇 때문인지를 연구도 나름대로 하고 있고 고민하고 있는 현상들이다.

그러나 그 이유를 명쾌히 보고한 백서가 없다. 확실한 타 종교를 가지고 있지 않은 사람 중에는 한 번이라도 자의든 타의든 교회에 나가보지 않은 사람은 거의 없으리라고 본다.

이제는 개인 전도나 총동원 전도 주일의 거창한 행사를 통해서는 교회를 부흥시키겠다는 생각은 비생산적이라고 봐야 할 것 같다.

필자도 교회 개척 당시부터 수년간 생명을 걸고 개인 전도를 해본 경험과 방법에서는 누구에게도 뒤질 사람이 아니라고 자부도 했고 초교파적으로 전도의 체험 간증을 한 수십 번의 실적도 있기 때문에 교인들의 흐름에 대한 논문을 써내라면 몇 가지 자료를 가지고 있다.

몇 번씩이나 반복하는 말이지만 교회가 교인을 선택하는 때는 이미 지나고 지금은 교인이 교회를 선택하는 때가 왔다고 하는 것이다. 직장 관계로 주거지를 이동하고 교회를 선정하는 것은 상당한 심리적 부담을 가지고 있다.

그 이유로는 교회마다 오늘의 내부갈등의 요인과 지도자들의 횡포 다시 말하면 절대적이라는 독선, 그리고 교인들의 냉대, 교회에서 무리한 천리마운동격의 사업추진, 장로들의 개인주의 내지는 부도덕한 비신앙적인 것 그리고 교회가 너무 약해서 물질적인 부담감 등으로 구분할 수가 있다.

뒤늦게 나오지 않는 교인을 길에서 만나고 왜 교회를 나오지 않느냐고 물어보면 앞에 몇 가지 중에 이유를 솔직하게 털어놓는 것을 들어 볼 수가 있다.

그렇다면 그러한 책임은 기성 교인들에 있고 그 교회의 지도자들의 몫이라고 볼 수 있겠다. 대심방 때 새 교우 가정에서 흔하게 들어볼 수 있는 말 중에 목사님의 설교에 마음이 들어서 본교회에 출석하고 있다고 한다.

그런데 몇 개월 후에 그렇게 말하던 사람이 다른 교회로 옮겼다고 한다. 그 사람은 그 교회에서 똑같은 말로 '목사님의 설교가 내 마음에 딱 맞아서 왔습니다'라고 말을 했을 것이라고 생각해 본다. 어떠한 설교는 자신에게 맞을 수도 있고 어떤 설교는 자신에게 시험에 드는 경우도 누구에게나 있는 것이다.

그러한 경우는 그 사람에게 책임이 있다고 보겠으나 그 외의 떠돌아다니는 교인들에게는 교회가 문제를 가지고 있는 것을 알아야 한다.

새로 등록할 때는 소란하고 주보마다 소개가 되지만 뒤로 나가는 헌교인의 행적은 찾아볼 수가 없다. 어떠한 교회는 새 교인보다 헌교인이 더 많아져 점점 교인의 수가 줄어들고 있으니 그러한 교회는 부인할 수 없이 지도자에게나 그 교회에 문제가 있다고 보겠으니 현재 아무렇지 않다고 고집하는 것들을 과감히 배설물로 여기고 버려야 된다고 본다. 어느 교회가 얼마만큼 부흥하느냐는 그 교회가 어떠한 방법들을 쓰고 있느냐는 것이지 다른 이유가 될 수 없는 것이다.

목회자들에게 듣기 좋은 말로 목사님의 설교가 최고라고 하면 그 목사님을 교만하게 하여 실족하게 한다는 것을 알아야 하고 결코 그 목사님을 돕는 말이 될 수 없다는 것을 알아야 한다. 어떠한 목사님이 그러한 말을 듣지 못한 사람이 어디 있겠느냐는 말이다. 그래서 교회에서는 칭찬이 바람직하지 못하고 권면과 장려가 더욱 값진 것이라고 생각한다.

헌교인 중에는 배가 고픈 사람이 있는가 하면 외로워서 대화를 갈급하는 자가 있다는 것을 알아야 한다. 그리고 교회의 부흥은 설교에 다만 비중을 두어서는 전부가 아니라는 것을 알아야 한다.

사랑이고 덕으로 해야 하고 교인에게 관심을 주는 것이 상당한 목회자의 성공 비결이라는 것을 알았으면 한다.

좋은 일이 있을 때는 같이 기뻐해 주고, 궂은일이 있을 때는 같이 동참해 주는 것이기에 목회자를 내조하는 사모들의 몫이 지대하다는 것을 주문하고 싶다.

왜냐하면, 장로들의 충고는 거부감이 있다는 통계가 있기 때문이다.

『장로신문』 1998년 2월 28일

사역지가 없어서 굶고 있는

며칠 전 주간지에 사역지 없는 목회자들이 늘고 있다고 모 교단의 상황을 열거한 내용을 볼 수가 있었다. 「목회자 수급의 발전적 방향」이라는 주제 아래 열린 심포지엄에서 사역지가 없어서 놀고 있는 목회자가 1,200명가량 된다는 보고서를 볼 수가 있었다. 일개 교단의 통계라고 보고 전국교회의 통계를 추산해 볼 때 약 일만 명의 목사들이 할 일이 없어서 굶고 있고 비어있는 교회를 찾고 있다고 볼 수가 있었다.

교단마다 신학교를 증설하고 학교 운영상 필요한 경상비로 충당하자고 학생 수를 늘려 받고 교수들의 생활비를 충당하고자 하는 목적 사업으로 신학교가 전락하고 만다. 배출되고 있는 목회자들은 한정된 교회 수에 갈 곳을 찾지 못하고 최후 수단으로 지하 몇 평을 월세로 빌리고 저마다 교회 간판을 내걸고 개척하는 일에 몸부림치고 있다. 이런 현상을 교계는 멀리서 구경거리로 삼고 있다면 하나님께서 내려다보시고 큰 교회들에게 과연 무엇을 하고 있느냐고 하실까 하는 생각을 해 볼 때가 온 것 같다.

성경을 보면 '전도하고 먹이라'고 하셨지 교회를 최후 수단으로 교회 개척으로 난립하고 교인 쟁탈전을 하라고 하신 일이 없다 무모한 교회 개척으로 자립할 수 없고 보니 지상에 교회 건물들을 매도한다는 광고의 장사진을 볼 수가 있다. 시대가 어렵고 경제가 어려울수록 나누고 고통을 같이하는 일이 교회가 할 일이라고 보아야 한다.

필자의 자식도 목사의 안수를 받고 부목으로 일할 교회를 찾던 중 이력서를 냈을 때 무려 27명의 이력서가 답지(遝至)되었더라는 것이다. 그중에 선택을 받고 좋은 교회, 좋은 목사님, 좋은 장로님들을 모시고 부목으로 목회의 훈련을 받고 있다.

한국 교계에서 심각하게 받아들일 문제로 각 교단 신학생 수를 줄이는 일부터 하고 기존 배출된 목사들을 큰 교회들이 맡아서 해결할 일이라고 본다. 교회는 돈으로 계산 선상에 둘 수는 없는 일이고 구제 차원에서 발 벗을 때라고 보겠다.

옛날 같지 않고 일반 대학부를 졸업하고 신학대학원의 과정에서 얼마나 노력하고 또한 학교 측에서 철저한 수준 높은 신학교육을 시키며 학생들은 어려운 환경 속에서 적지 않은 학비 조달에 얼마나 많은 고생과 기도를 했을까. 부모와 본인들의 서원기도로 목사가 되었건만 사역지가 없어서 무위도식자의 신세가 된 것을 교계가 외면하면 바로 그것이 죄악이다.

죄의 의식 중에서 하지 말라고 하신 것을 하는 것만 죄라고 착각하고 있는 것을 보았는데 하라고 하신 것을 행치 않는 것도 죄가 되고 죽은 믿음이라고 하셨다.

혼자 먹고, 혼자 살고, 혼자 구원 받으면 된다는 말씀은 성경 어느 곳에서도 찾아볼 수가 없다.

지상의 보도를 보면 목사 안수를 받고도 사역지가 없고, 처자가 먹고 살길을 찾다 보니 사회직장을 찾아도 일할 곳이 없어서 건축현장에서 막노동을 하려고 나서 보았지만 건축현장도 사람이 포화상태로 줄을 서서 대기 중이라고 하는 기사를 볼 때 참으로 안타까운 일이 아닐 수가 없다. 고급인력 의사가 남아돌고 성직자가 남아 돌아간다는 것은 교계의 구조가 잘못된 것이다.

목사가 교회를 맡지 못하면 목사가 아니고 실직자이고 일반 교인만도 못한 일이다.

딸을 주고 기대하고 있는 처족들의 심정과 주위의 비신자 친인척들의 시선은 어떠할는지 감히 주관적으로 생각하고, 주관적으로 해결할 문제라고 보아야겠다. 개척을 하는 것도 모험이기도 하지만 돈이 없으니 엄두도 내지 못하고 최후의 방법으로 동료 목사들한테 찾아가서 몇 푼의 돈을 빌려서 끼니를 연명한다는 말을 들어 본 적이 있다.

교단 차원에서 만사운동을 펼치고 있는데 만교회 운동은 과연 바람직한 일인지 다시 기도할 문제가 아닌가 하는 생각이 든다.

교회 개척은 개인이 하는 것보다 교회가 하는 것이 바람직한 일이라고 본다. 그 이유는 개인이 개척하면 개척자가 교회의 주인이 되고 사장이 되고 잘못되면 교주가 되는 경향이 있기 때문이다. 개인이 개척할 소명을 받았다고 할 때는 그는 헌금을 하고 교회의 이름으로 개척을 하는 것이 바람직하다고 본다.

필자가 봉사하는 교회에서는 매년 한 개 교회를 개척하는 대원칙을 세우고 작년부터 시행하고 있으며, 개척한 교회가 자립할 때까지 목회자 생활비를 담당하고 있다.

농어촌교회 출신자들도 도시교회를 채워주고 있다. 그러기에 도시교회는 농어촌교회에 대해서는 빚을 지고 있으니 그 빚을 갚는 일이 과제인 것을 알아야 한다.

도시교회의 80%가 농어촌 출신인 것을 볼 수 있다. 총회 차원에서 무임 목사와 농어촌 교회 목회자들의 생활비를 책임지는 구조를 제도화해야 한다고 같이 힘주어 말하고 싶다.

『목회자신문』 1998년 6월 20일

청도교의 신앙으로 살자

1517년 10월 31일 마틴 루터로부터 종교개혁이 되었으나 아직 남아 있는 구교의 잔재의식이나 제도적인 점에서 완전 탈피하자는 의미로 시작된 조직모임으로 순수한 성서적으로 돌아가야 한다고 제2 개혁을 강하게 주장하였다. 그리고 교회제도에 관한 장로주의를 주장하고 '트레바스'가 1572년 칼빈주의에 의한 교회 계규선언을 출판한 퓨리탄주의의 강령을 선포됨에 청교도 운동은 점차 조직적으로 발전하여 영국교회에 일대 세력을 조성했다.

이 운동은 가톨릭적 불순물을 완전 제거하고 미신행사를 타파하자는 개신교의 정화 운동이었지만 영국 국교회의 압박으로 1607~8년에 네덜란드 암스테르담과 라이덴으로 망명하여 '브류스타'를 지도자로 삼고 1620년에 '메이플라워호'를 타고 미국 프리미스에 상륙하여 신영국(NEW ENGLAND)를 개척하고 청교주의의 회중 교회를 설립하여 미국 역사의 뿌리를 내렸다.

신앙생활을 할 바에 철저하고 적극적으로 믿어야 된다는 대원칙

대진리 안에서 살아야 한다는 것이기에 수차례에 걸쳐 역경과 핍박을 받고도 바른 신앙생활을 위해서 영국 국교회와 싸웠던 선구자들의 정신을 되찾는 운동이 다시 전개되어야 한다고 보겠다. 바로 그것이 초대교회적이고 순수한 그리스도의 정신이라는 것을 알아야 한다.

교회란 사람들로 모인 특수한 단체로 자기중심으로 자기 앞에 큰 감을 놓으려는 정치꾼들 틈바구니 속에서 문제들이 돌출될 때 성서적으로 문제를 풀어보려 들지 않고 정치적으로 힘의 대결이거나 합리적이라고 우겨대면서 논리적으로 문제를 끌어가고 있다.

10지파는 가나안 군대를 두렵게만 보고 절대로 정복을 할 수 없다고 했지만 갈렙과 여호수아는 성서적으로 하나님께 맡기고 문제를 풀자고 했을 때 힘의 대결이 아니고 성서적으로 하나님을 의지했을 때 문제가 은혜롭게 원만히 풀린 것은 알 수 있게 되었다.

무슨 일이 자신에게 부여될 때 누구나 잘해 보려는 생각은 아무나 갖는 것이지만 자신의 만족으로 사건을 끌고 가면 상대편에게는 손해가 될 때가 있다는 것이다. 상대자와 자신에게 같이 좋은 방법이면 더이상 좋은 것이 없겠지만 같이 좋을 수가 없을 때는 먼저 형제의 몫을 챙기어 주면 상대자에게 참으라고 하는 어려운 부탁이 필요치가 않다. 한 번쯤 자신이 손해를 보면 상대자로부터 한 번쯤은 양보를 받게 된다. 피차가 똑같이 손해도 보고 이득도 보았기 때문에 피차에 이해관계가 없게 된다.

칭기즈칸의 정치 참모였던 야율초재가 말하기를 의로운 것을 새로 시작하는 것보다 해롭다고 알고 있는 하나를 제거하라고 했다고 한다.

무엇을 얻어 내기 전에 거리끼고 있는 폐습을 버리는 것이 순서라고 본다. 전한(前漢) 때의 인물 '유향'이라고 하는 사람이 남긴 말인데 부엉이가 짐을 싸 들고 동쪽 마을로 이사하려는 것을 보고 비둘기가 묻기를 왜 이사하려고 하느냐고 하자 부엉이가 하는 말에 내 울음소리가 마을 사람들이 싫다고 한다고 하자 비둘기가 말하기를 자네 울음소리를 고치면 이사 가지 않아도 되지 않겠느냐고 하는 충고를 했다고 한다.

자기의 잘못을 알게 되었으면 스스로 모면하려고 할 것이 아니라 스스로 잘못을 고치는 공부를 해야 한다. 허다히 남의 실수는 쉽게 눈에 띄어도 자신의 잘못을 모르거나 은폐만 하려고 하는 것을 볼 수가 있다. 교회는 권면과 충고가 있어야 하고 칭찬과 축하는 자제하는 것이 바람직하다.

그래서 오늘날 박사학위 축하예배니 회갑 축하예배는 교회당에서 거행하는 것은 잘못된 것이다. 예배 고유의 목적은 하나님께 영광을 돌리자는 목적이지 사람을 위하자는 것은 철저하게 모순된 것이다.

그래서 필자가 출석하는 교회에서는 근속 기념예배는 아예 없는 것으로 당회에서 불문율로 정하고 있다. 기타 각종 사람을 축하하는 예배의식은 없기로 한 것이다.

사람을 우상으로 여기거나 하나님과 동격으로 보자는 오류를 범하지 말아야 한다. 바로 하나님을 모독하는 죄라고 하는 것을 알아야 한다. 허다히, 죄란 사람을 해치는 것만이 죄로 알고 있다.

우리는 항상 착각 속에서 머물고 있음을 생각해야 한다.

이러한 문제들 속에서 머물고만 있을 것이 아니라 습관과 제도가 성서를 추월하지 말고 청교도 정신에서 인간 모습들을 성서에 투영하고 순수한 것으로 환원시키는 일을 착수해야 되겠다고 입을 모으고 있다.

'여호와의 말씀은 순결함이여 흙 도가니에 일곱 번 단련한 은 같도다'(시 12:6) '내가 사람을 정금보다 희소케 하며 오빌의 순금보다 희귀케 하리로다'(사 13:12).

『크리스찬신문』 1998년 9월 28일

말하는 양심

말하는 것은 유익하기도 하고 해(害)도 되지만 말을 해야 할 때에 안 하는 것은 죄가 된다.

인류역사상 처음으로 말을 한 사람은 아담으로서 그가 가로되 '이는 내 뼈 중의 뼈요. 살 중에 살이라'(창 2:23)고 아내 하와를 보고 고백한 것에서부터였다.

하나님께 드리는 말을 죄를 고백할 때의 회개하는 말이고 찬양은 곡에 말을 붙여 노래로 기도하여 하나님을 기쁘시게 하는 것이기에 이러한 말은 하지 않는 게 죄가 되는 것이다.

그리고 옳은 일을 옳다고 하는 말은 유익한 말이지만 아닌 것을 아니라고 말하지 않는 것은 죄가 되는 것이다.

욥이 큰 시험을 당했을 때 욥의 아내는 남편에게 '당신이 그래도 자기의 순전을 굳게 지키느뇨 하나님을 욕하고 죽으라'고 말한 것은 얼마나 저주스러운 말인가.

이 말은 남편을 저주하고 하나님을 저주한 말이다. 또한, 세 친구가 재앙을 당하고 있는 욥에게 찾아와 주고받은 말 속에도 물론 욥의 안타까운 모습을 보고 회개하여 하나님께로부터 인정 받고 새롭게 힘을 얻어 광명을 찾으라는 권면의 말이긴 하나 실은 하나님의 말씀이 아닌 자기 합리화의 말이며 또한 죄가 없다고 하는 욥의 말도 다 사람의 말로 시비가 일어났다.

새 친구들은 죄 없이 하나님께서 욥에게 재앙을 주시겠느냐고 따지자 욥은 분을 참지 못하고 가로되 너희가 내 마음을 괴롭히며 말로 나를 짓부수기를 어느 때까지 하겠느냐 너희가 열 번이나 나를 학대하고도 부끄러워 아니하는구나(욥 19:1~3) 하고 서로가 말다툼을 하는 것을 보고 부스사람 엘리후가 욥에게 노를 발하면서 욥이 하나님보다 의롭다고 하느냐고 질투하고 나서는 것을 보니 역시 사람들의 말은 말밖에 될 수 없다는 진리를 깨닫게 한다.

하나님께서는 말씀을 주시고 이대로 바로 살지 못하면 삼사대까지 그 죄 대가로 벌을 주신다고 하셨고 말씀대로 살면 수천 대까지 복을 주신다고 하셨다.

흔히 볼 수 있는 공동체 생활 속에서 순리와 합리를 떠난 비법과 비성서적인 행동을 하는 자가 있을 때 그냥 말하지 않고 지나치는 것은 죄가 된다고 하겠다.

말씀을 스스로 지키는 것도 사명이요. 말씀대로 바로 살지 못 하는 자를 보았을 때 권면하고 충고하여 아님을 아니라고 지적하는 사명 의식도 가져야 한다.

왜냐하면 하나님께 욕을 돌릴 수는 없는 것이기 때문이다.

나는 단정코 너희를 옳다 하지 아니하겠고 죽기 전에는 나의 순전함을 버리지 않을 것이다(욥 27:5)라고 한 것처럼 부당한 모습으로 형제를 고통스럽게 몰아세우는 것은 결코 좋은 일은 아니다.

무릇 악인더러 네가 옳다 하는 자는 백성에게 저주를 받을 것이요 국민에게 미움을 받으리니(잠 24:24)라고 하셨는데, 성경의 내용을 요약하면 칭찬보다 충고와 권면이며 책망과 경고로 되어 있음을 알 수가 있다.

하나님께서는 계명과 율법을 주시고 지켜 행하도록 하시고 행동하는 사람들을 통해서 영광을 받으시려는 의도이건만 사람의 행함이 악하고 영광은 스스로 취하려고 하는 오만 때문에 죄를 짓고 편하게 살려고 하는 욕심 때문에 죄를 짓고 사는 것을 볼 수가 있다.

그런데 흔히 남의 죄는 지적 할 수 있으면서 나 자신의 실수나 죄는 지적 할 줄 모르고 있다. 그래서 미워하지 않고 저주하지 않는 충고는 말하는 양심이라 하겠다.

『장로신문』

우리 공동체

나를 사람들 속에 집어넣어야 비로소 '우리'라 하겠으니 이웃의 관심 속에 우리는 녹아들어야 한다. 이웃 외 어려움 속에 동참하고 나의 힘이 이웃에게 감지될 때만 '우리'라고 할 수 있다. 이웃의 고통을 외면한다면 나는 나로 항상 남고 이웃은 항상 이웃으로 남게 된다. 이곳의 경사스러운 일에는 나도 그 속에 들어가서 같이 기뻐해 주고 진심으로 축하하여 동고동락할 때 언필칭 '우리'라 할 수 있다.

교우의 가정에 슬픔을 당하면 같이 모두 슬퍼할 줄 알아야 한다. 율법 아래 있는 자 같이, 율법 없는 자 같이, 약한 자 같이 된 것은 약한 자 얻기 위함이요 여러 모양이 된 것은 아무쪼록 우리들을 구원코자 함이니(고전 9:19~22) 라 하셨다.

예수님은 나만을 위함이 아니고 전부를 위하셨다. 오늘의 사회는 나를 찾고 있다. 나는 서슴없이 모든 이의 고난, 고독, 아픔, 억울한 자, 고아, 과부 속에 들어가야 한다. 이것은 신앙 안에서 횡적 사랑이라 하겠다. 예수께서 잔치 자리를 채우라 하시니 종들이 길에 나가 악한 자나 선 한자나 만나는 대로 모두 데려오니 혼인 잔치에 손이 가득한지라(마 22:10). 이는 모든 자가 같이 즐겨야 한다는 진리이다.

갈릴리 변의 키부츠(공동체 생활) 촌에서 돈 있는 자는 돈을 내어놓고도 입을 같이하고 돈 없어서 내어놓을 것 없는 자도 같이 일해서 얻어지는 소득으로 더불어 산 공동체 생활을 배워야 한다. 예수님이 제자를 고르실 때 천한 고기잡이와 죄인 세리와 의사 각 계층 지위, 돈, 학식을 초월하신 것을 보면 '우리' 모두는 하나님의 관심 속에 파묻혀 있다고 하겠다.

『크리스챤신문』 1991년 4월 27일

모든 이에게 착한 일을 하되
더욱 믿음의 가정에 할지니라

'우리가 선을 행하되 낙심하지 말지니 포기하지 아니하면 때가 이르매 거두리라 그러므로 우리는 기회 있는 대로 모든 이에게 착한 일을 하되 더욱 믿음의 가정들에게 할지니라'(갈 6:9~10)

이 말씀은 내가 일제 강점기에 과자를 얻어 먹기 위해 친구 따라 출석한 주일학교 시절부터 지금까지 가장 좋아하는 성경 구절이며 내게 힘이 되는 평생의 기도 제목으로 삼고 있다.

청소년 시절 성경공부를 통해 그리스도의 복음 진리를 깨닫고 사람들을 만나기만 하면 저절로 전도하게 된 나는 20년 전 장로 피택을 받은 후 해마다 전도왕 자리를 지키고 있다.

그리스도께선 없는 자, 묻힌 자, 고아 과부와 상처 입고 우는 자들을 더욱 사랑하고 베풀라고 하셨다. 나는 자녀들에게도 이를 강조하고 전도에 정성을 다하고 있다.

한번은 전도하던 중 언어장애인을 전도한 적이 있다. 그가 설교를 알아듣지 못하기 때문에 옆에서 설교 내용을 적어주고 예배 순서마다 글로 써서 이해시켜 주었다. 그 사람은 참으로 불쌍한 인생을 살았다. 그동안 막노동을 해 몇 푼 모은 돈을 꾸어주었다가 받지도 못하고 흠씬 두들겨 맞았다고 하소연한 그가 췌장암으로 결국 세상을 떠나고 만 것이다. 나는 그 사람의 보호자가 돼 병상에서 간호를 했고 장례식의 상주와 집례를 맡아서 했다.

안타까운 삶을 산 그는 췌장암의 고통에서 막노동의 피곤에서 벗어나 그리스도의 품으로 갔으니 불행 중 다행이라고 생각했다. 만약 내가 전도를 하지 않았다면 그 영혼이 어떻게 됐을까 하는 생각을 하자 선을 행하는 것 중 더 선한 것은 전도하는 것이라는 것을 깨달았다.

또 평소 전도를 하다 보면 취직을 시켜줘야 하고 신원보증을 서기도 하며 때론 재산보증을 설 때가 있다. 성경에 보면 '타인을 위해 보증이 되는 자는 손해를 당하여도 보증이 되기를 싫어하는 자는 평안하니라'(잠 11:15) 하셨고 '너는 사람으로 더 불어 손을 잡지 말며 남의 빚에 보증이 되지 말라'(잠 22:26) 하셨으며, '만일 갚을 것이 없으면 네 누운 침상도 빼앗길 것이라 네가 어찌 그리하겠느냐'(잠 22:27)고 했지만 전도하다 보면 보증을 서줘야 할 때가 많다. 보증을 선 일로 집을 경매당한 일도 있었지만 한 영혼을 구원하기 위해 전도한 것을 후회한 적은 없다.

전도하기 위해 받은 믿음의 시련은 불로 연단하여도 없어질 금보다 더 귀하며 예수 그리스도가 나타나실 때 칭찬과 영광과 존귀를 얻게 하려 하심이라(벧전 1:7)고 생각하기 때문이다. 또한, 내 일생을 통해 전도하기로 결심한 것은 갈라디아서 6장 9절의 말씀에 비롯됐음을 깨달았다.

『국민일보』 1991년 6월 12일

궁색한 변명

 교회마다 문제가 있는 것을 보면 목회자와 장로의 사이에 조그마한 의견 차이로 피차에 이해를 못 하고 상대편의 의견과 인격을 추월내지는 무시하는데 기인되는 것을 볼 수가 있다. 자신의 의견이 소중하다고 생각하는 만큼 상대자의 인격을 존중하는데도 인색해서는 안 되는 것이다.
 옛날의 속담에 자기의 눈에 안경이라고 하는 말이 있다. 자기의 시력에 걸맞은 도수의 안경을 상대자에게 씌워주면서 잘 보이느냐고 하는 격이라고 한다.
 심지어는 성경을 가르치면서 호된 말과 저주하는 태도로 하나님의 말씀을 어찌 어기느냐고 책망하는 것을 볼 수가 있으니 스스로는 완벽하게 살고 있는 것처럼 혼쭐내는 억양으로 질타하는 것은 마치 스스로가 하나님인 것처럼 어쩌면 그렇게도 당당한지 차마 눈 뜨고 볼 수가 없다.
 필자가 수년 전에 모 주간지에 기고했듯이 설교는 질타하는 식이거나 죄인 취급하는 식으로 청중을 우습게 보지 말아야 한다고 했던 일이 생각난다.

성서에는 이렇게 기록되어 있더군요. 하고 설교자를 우리 속에 넣어서 공감하는 의식으로 성서를 전달하고 소개하는 자세로 해야 한다.

나는 죄가 없고 너희들은 죄가 있다고 지적하는 것이라고 오해를 받아서는 안 된다. 자신을 포함시켜 회개하자고 해야 한다. 목회자라고 해서 하나님 앞에서 치외법권에 속한 것은 아니다.

최초의 제사장인 아론이 금송아지를 만들고 숭상했다는 것을 알고 동생인 모세로부터 책망을 듣고 아론은 궁색하게 동생 모세에게 주라고 하면서 변명을 했던 것을 알아야 한다.

'아론이 그들의 손에서 그 고리를 받아 부어서 조각칼로 새겨 송아지 형상을 만드니 그들이 말하되 이스라엘아, 이는 너희를 애굽 땅에서 인도하여 낸 너희의 신이로다 하는지라'(출 32:4) 하였고 모세가 아론을 책망한 것을 보면 '모세가 아론에게 이르되 이 백성이 네게 어떻게 하였기에 네가 그들로 중죄에 빠지게 하였느뇨 아론이 가로되 내 주여 노하지 마소서 이 백성의 악함을 당신이 아나이다'(출 32:21~22) '내가 그들에게 이르기를 금이 있는 자는 빼내라 한즉 그들이 그것을 내게로 가져왔기로 내가 불에 던졌더니 이 송아지가 나왔나이다'(출 32:24)

직분이 면죄부가 될 수 없다. 군대에서는 졸병이 사고를 치면 부대장이 징계를 받는 것을 알 수가 있다. 고신 측은 1948년에 갈라

나갈 때 아무도 그 책임이 있다고 고백한 사람이 없었고 1953년도에 기장이 나갈 때나 1959년도 44회 총회 때 연동 측(통합)과 승동 측(합동)으로 치열한 분쟁으로 갈라설 때도 단 한 사람도 내 잘못이라고 고백하는 사람을 구경해 본 일이 없다.

들리는 말에 의하면 러시아에서 교민들이 전도를 받으면서 정신을 차릴 수가 없을 정도로 수십 개의 교파 다툼에 시달리고 있다고 한다. 러시아 교민들의 피해로 끝나는 것이 아니고 하나님께서 엄청난 큰 피해를 보시고 계신다는 것을 알아야 한다.

인간사회에서 부모님께서 누구로부터 인격적인 수모를 당하는 것을 볼 때 자식 되는 사람으로서 피해를 입은 심정이라고 말할 수 있듯이, 하나님께 피해가 되는 욕이 돌아갈 때 우리는 하나님을 경외하는 자들로 피해의식이 있는 것을 마땅한 일이라고 보겠다.

사람은 누구나 자기 이상 더 믿을 만한 사람을 찾지 않고 있는 것이 인간의 속성이다. 전쟁에서 이기려는 대담한 것처럼 잘못된 것을 스스로 고백하는 대담성은 참으로 어려운 것이나 객관적이나마 지적을 당할 때는 굳이 변명보다는 시인하고 용서를 받는 것이 나를 사랑하고 이웃을 사랑하고 교회를 사랑하며 하나님을 사랑하는 것이라 하겠다.

지도자라고 하면 문제를 저질렀으면 문제를 안을 줄도 알아야 한다. 상대자의 탓을 지적만 하는 것이 지도자가 아니고 지적을 당하고 고백할 줄도 알아야 한다. 문제를 안을 줄 알아야 교회는 평화가 있는 것이다.

순종한 아브라함도 하갈이란 여자를 맞이하지 않았더라면 오늘날 이스라엘의 후손, 즉 민족전쟁을 치르지 않았을 뻔했고 노아가 술에 취하지 않았더라면 둘째 아들 함이 저주를 받지 않았을 것이고 가나안이란 원수로 남지 않았을 것이며 의인이라고 인정받았던 욥도 죄 없다고 하는 주장을 하지 않았더라면 하나님으로부터 책망을 받지 않았을 것으로 생각이 된다.

앞에 나온 사람들 중에서 욥 외에는 아무도 자기의 실수를 고백한 일도 없고 회개했다는 흔적을 찾아볼 수가 없다. 지도자는 시인과 고백과 회개하는 것을 솔선수범으로 가르쳐줄 책임이 있다고 해야 할 것이다.

『장로신문』 1997년 5월 17일

사람을 위한 축하예배는 잘못된 일

　예배의 주인은 하나님이시다. 그러기에 사람은 드리는 자이지 받는 자가 될 수 없다.
　아버지께 참으로 예배하는 자들은 신령과 진정으로 예배할 때가 오나니 곧 이때라. 아버지께서는 자기에게 이렇게 예배하는 자들을 찾으시느니라(요 4:23) 여기에서 찾으신다고 한 것은 하나님의 마음에 드는 예배자가 흔치 않았다는 것으로 의미를 부여해야 된다고 보아야 할 것이다.
　오늘의 교회가 희생 중심과 기능 중심에게 공간교회 중심으로 전락하고 있다. 인격의 예수님의 공생애와 예수님의 가르침과 십자가의 고난에 대한 동참의식이 소멸되어 가고 있음을 부인할 길이 없다. 교회의 각종 행사가 호화 찬란하게 치르는 것을 앞을 다투고 경쟁의식이나 하는 것 같다.
　요즘 흔해진 교회 축하 행사에 수천만 원을 드는 것에 예사로 알고 있다. 오늘날 세인들로부터 교회가 기업화되어 가고 교회주식회

사라고 하는 용어를 서슴없이 범람하고 있는 것을 깨달아야 한다. 교회의 성장에 걸맞은 교회의 성숙이 부족하다는 반성이 절실히 요구된다. 물량을 표준으로 가치 기준을 삼게 된다는 것이 안타까운 일이다.

그러기에 오늘의 교인들이 기복주의로 빨려가고 있다. 그리고 더 중요하고 위험한 것은 축하하는 대상이 사람이 되어서는 하나님을 모독하는 엄청난 죄를 범하는 것이다.

예배를 받으신 분이 하나님이신데 어떻게 사람을 상대로 축하하는 것을 예배라고 하는지 이해가 안 된다. 축하하는 것도 있을 수가 있겠으나 굳이 교회 본당이 아닌 별실이나 회관을 빌리고 예배의식이 아닌 단순행사로 별도 모임으로 갖는 것이 바람직하다.

하나님께서는 침묵하고 계신다. 이제는 이론도 변론도 비판도 멈추고 속히 잘못된 궤도를 수정하고 성경의 본질로 들어가야 한다. 건강한 신앙으로 곱게 살아야 한다. 하나님께서 백성을 택하신 뜻에 접목되어 가야 한다.

그리고 찬송하자. 그리고 감사하자. 그리고 아멘하자.

『장로신문』 1994년 3월 26일

헌금은 기쁨으로

헌금을 드리면서 감사하는 것이기에 기쁜 마음으로 하는 것이 하나님께서 기뻐 받으시는 것, 지난날에 은혜를 갚는 것으로 드리면서 무엇을 도와 달라고 하는 조건을 걸 수 없다. 하나님께 투자하는 것이 아니고 구속의 은혜 죄 속에서 건지시고 꺼지지 않는 풀무불 속에서 영원히 죽지 않는 영의 고통에서 살려주신 것을 무엇으로 감히 비교할 수 없다.

헌금은 억지로 하지 말라고 하셨다. '각각 그 마음에 정한 대로 할 것이요 인색함으로나 억지로 하지 말지니 하나님은 즐겨내는 자를 사랑하시느니라'(고후 9:7) 없는 것을 빚을 내어서 하는 것을 원치 않으셨다. 사람을 의식하는 것은 그릇된 것이다. 필자는 적은 것이지만 이름을 쓰거나 액수를 쓰는 법이 없다. 항상 적게 바치는 것이 장로로 부끄럽고 죄스러운 마음을 금하지 못하고 있다.

필자의 여식은 지금은 출가했지만, 대학교 시절에 교회에서 단체로 기도원을 간 일이 있었는데 자기 딴에는 은혜에 감사해서 주머니에 있는 모든 것을 탈탈 털어서 봉투에 넣었다고 한다. 지전은 물론이고 동전도 넣고 여고 졸업 때 저희 엄마가 기념으로 금반지 하나 해준 것까지 자기 재산 전부를 몽땅 봉투에 넣어 헌금했다. 그런데 기도원 원장님이 이것도 헌금이라고 했느냐고 호통을 치면서 헌금 봉투를 흔들어 대면서 이렇게 적은 것을 헌금하거든 차라리 하지 말라고 호령하는 것이 아닌가. 학생 본분으로 부모가 준 여비에 잡비 모든 것을 기쁘게 바치었건만 어찌 지도자가 저럴 수가 있을까 하고 신앙의 상처를 입고 도리어 상처를 잊으려고 오히려 힘내어 크게 하나님께 간절히 기도할 때 죽은 나무의 앙상한 온 가지에서 꽃이 만발한 모습을 하나님께서 보여주시더라는 간증을 들어본 일이 있다

하나님은 은혜받을 사람에게 유효적절한 은혜와 은사를 주시는 분이시다. 무엇을 구하든 하나님의 영광을 위해서 구해야 주시고 어떠한 것만이 아니고 우리에게 있어야 할 모든 것을 주시는 분이시다.

『장로신문』 1994년 10월 29일

권위는 부리는 것이 아니고 인정받는 것

　사람들의 세계에서는 문벌이 좋고 학벌이 높고 권세를 소유하고 높은 지위에 있는 사람, 돈이 많이 있는 사람을 보면 권위가 있어 보인다. 그러한 사람들을 부러워하는 것은 예사라 하겠다.
　사람이 높아지고 싶은 것은 너무도 당연한 일이기 때문이다. 권위 있는 사람을 보면 존경스럽고 대견스럽게 보아 주어야 할 책임이 있다. 그러나 타의에 의해 존경의 대상이 되는 것이 아니고 스스로 자기를 높이고 자기를 존경하고 자랑하며 위세를 부리는 것을 볼 수 있다. 스스로 높이는 자는 낮아지고 스스로 자기를 낮추는 자는 높아진다고 하셨다.
　특히 교회에서 직분이 높다고 권위를 부리는 것은 성경을 거부하는 사람이다. 교회에서 받는 직분은 계급이 아니고 봉사직이기 때문이다. 천박한 사람이라 할지라도 인격이 있고 신앙이 있는 사람이 오히려 높은 지위에 있는 사람이 교만을 부리는 것보다 월등히 우러러 보인다. 그리고 보면 권위는 겸손이고 인격이고 교양이고 신앙이다. 문헌상으로 풀어보면 아랫사람을 강제로 복종하게 하는 것이 권력과 위세라 했다.

권위 그 자체가 나쁠 수는 없다. 권위자를 질투하거나 혐오감으로 바라보아서도 안 된다. 권위자가 칭송의 대상으로 여겨질 때 권위자는 더 권위가 높아진다. 하지만 스스로 권위를 세우고 아랫사람을 무시하고 자기 말의 절대적이고 심지어 하나님의 뜻이라고 고집하며 순종을 강요한다면 도리어 그 권위가 땅에 떨어지고 그 위세가 더 높아지는 것이다.

예수님께서는 거룩한 권위를 버리고 죄인의 사형틀인 십자가에 못을 박히셨다. 그러기에 더 거룩한 권위자가 되신 것이다. 교만 중에 가장 무서운 교만은 신앙의 교만이다. 하나님의 행세를 부리고 나는 거룩하고 하나님과 동격이다 하는 태도로 상대자를 정죄하는 것을 볼 수 있다. 사람은 아무도 정죄도 사죄도 할 수 없다. 다만 하나님의 소관일 것을 우리는 알아야 한다.

『장로신문』 1994년 12월 10일

번제보다 하나님을 아는 것이 중요

　오늘의 기독교는 하나님 사랑과 이웃 사랑하는 신앙 본연의 과정들로 이루어졌다고 볼 것이다. 종교의식이나 제도가 진리보다 우선이라고 한다면 오늘날까지도 유대종교에서 떠나지 말고 예수를 일개 예언자로만 혹은 일개 성인으로만 남아 있어야 했을 것이다.

　오늘날 기독교는 수적으로나 외양적으로는 팽대해 있으나 수다한 문제점과 어려움을 안고 있다. 20세기의 위기 속에서도 기독교는 끊임없이 개혁하여 가면서 그 본질 곧, 진리의 사명을 다해야 할 것이다.

　'오직 하나님의 옳게 여기심을 입어 복음을 위탁 받았으니 우리가 이와 같이 말함은 사람을 기쁘게 하려함이 아니요 오직 우리 마음을 감찰하시는 하나님을 기쁘게 하려함이라'(살전 2:4)라고 경고하셨다. 그렇다면 회칙이나 정관이나 헌법 그 외의 것 어느 것도 사람의 말장난으로는 하나님의 진리를 추월할 수는 없는 것이라고 힘주어 말하고 싶다.

그러기에 교단 총회 차원에서 "경건 절제의 운동을 펴고 있음은 바람직한 일이라고 본다. 제도적으로 신학박사는 있어도 신앙박사는 없는 것이다. 기독교가 개혁한다는 것은 밤중에 총칼을 들고 체제를 전복시키거나 머리띠를 두르고 파쇼의 투쟁의 의미가 아니고 방법이 신식이냐, 구식이냐고 따지는 게 아니라 성경 본연의 것으로 되돌려 놓고 예수의 죽음의 대가로 내가 살게 되었으니 부활의 계기로 우리 모두는 보상받자는 것이다.

오늘날 사이비 종파들이 속출되고 있는 것은 교회의 변질 속에서 나오는 부산물이라고 보는 눈이다. 진리가 희석되고 진리가 포장되고 있음은 참으로 가슴 아픈 일로 개탄하지 않을 수 없다. 의식주의 권위주의를 좋아하는 교회의 각종 축하예배(회갑, 근속 기념, 박사학위 취득, 기관장 취임 등)는 단연 없어져야 한다고 본다. 예배의 대상은 철저하게 하나님이시기 때문이다. 어찌 사람을 기쁘게 하는 예배로 대체할 수 있단 말인가? 이단이 따로 있고 이단의 교파가 따로 있다고 볼 것이 아니라 누가 하나님을 어떻게 보고 잘못된 진리로 가르치는 것이 이단이라고 필자는 힘주어 말하고 싶다.

형식주의, 권위주의, 물량주의, 기복주의, 신비주의가 그 원흉 입을 부인할 현지가 없다고 본다. 교회는 예급이 아니고 차등이 아니고 구분이다. 교회는 제도가 아니고 사랑과 구원의 공동체이다.

『한국기독공보사』 1993년 5월 15일

장로의 기도

　예배의 모범 중에서 장로는 대체적으로 기도의 순서를 맡게 된다.
　예배의 목적은 하나님을 기쁘시게 해 드린다는 점에 있다. 그 의미를 빼놓고는 예배라 할 수 없다. 특히 교회에서의 대예배는 그 의미를 크게 부여해야 한다. 그리고 예배는 보는 것이거나 받는 것이 아니고 철저하게 드리는 것이어야 한다. 기도도 예배의 일부분이라고 볼진대 예배를 드린다 하면서 기도 내용이 무엇을 달라고 외쳐대는 것은 가당치 못하다.
　예배를 받아 주시고 예배를 통해서 영광으로 여겨 주시기를 위해서 기도해야 한다. 다만, 성도들의 개업예배나 돌 예배나 입주 감사예배는 다르다고 할 수 있다. 그런 예배는 성도의 사업과 그 가정의 복을 비는 자세가 바람직하다고 보겠으니 기도하는 자가 축복하는 자의 입장으로 바뀌는 것이라 보겠다. 축복은 복을 비는 것이기 때문이다.
　그리고 대예배시 기도는 누구 개인을 위한 기도 내용은 포함될 수 없다. 대표기도는 대표성을 생각해야 하고 모두 같이 공감대 이루는 것이어야 한다. 또한, 장로들의 공적 기도가 너무 길어서도 안 된다. 5분 이상이 넘어가면 예배의 침해자가 될 수 있다. 흔히 목회자들의 설교가 너무 길다고 지적할 줄 알면서 장로의 대표기도가 긴 것은 당연한 것처럼 생각하는 것도 가당치 못하다. 기도의 억양 높이고 목청을 높여 외쳐대는 것도 생각해 볼 사항이다.

기도의 상대자가 하나님이신데 하나님을 혼쭐내는 죄를 짓지 말아야 한다. 감격스럽고 떨리는 심정으로 통회하는 자세가 바람직하다고 본다.

예배의 제반 순서가 흐트러지지 않도록 '하나님이 보시기에 심히 좋았더라.' 하실 수 있는 기도가 되어야 한다. 설교나 광고는 상대자가 사람들이고 찬송이나 헌금이나 기도의 상대자는 하나님이시기 때문이다.

『기독교연합신문』 1994년 6월 19일

식사에 대한 감사의 기도

우리는 음식을 대할 때마다 주신 자 곧 하나님께 감사의 기도를 하게 된다. 범사에 감사하지 않을 때가 없다. 잠이 들 때, 잠에서 깰 때, 길을 거닐 때, 일할 때, 기쁜 일을 만날 때, 심지어 어려운 일을 당할 때에도 주님을 의지하도록 하시는 뜻에 감사하는 것이 신앙인의 자세라고 하겠다.

특히, 식사 때에는 공식적으로 습관적으로 기도를 하게 된다. 어떠한 기도보다도 식사 기도는 주셔서 감사하는 의미가 크게 부여된다고 생각된다. 그래서 식사 기도는 감사하고자 하며 대표기도가 시작되는 것을 알 수 있다.

그런데 혹자는 식사 기도하면서 여타 복을 달라고 외쳐댄다. 당장 먹을 것을 주셔서 감사하는 생각을 제쳐두고 다른 것들을 주시고 즉, 돈을 주시고 사업이 잘되게 하시고 자식이 잘되고 남편을 출세하게 해달라고 하는 기도는 바람직하지 못한 것으로 생각해야 한다. 주신 음식을 주셔서 감사합니다.

주신 음식을 먹고 주님의 영광을 위해서 살게 해달라고 기도로 끝을 맺는 것이라고 기도시간도 특히 공적 식사 기도는 짧을수록 좋을성싶다.

밥이 식고 국이 식고 정성스레 끓여 놓은 찌개가 식어서 다시 거두어 불에 데우는 경향을 볼 수 있다. 또한, 기도하는 이가 목청을 높이고 열변을 토하다 보면 입에서 침이 튀어 여러 사람이 같이 먹을 음식에 불쾌감을 주고 비위생적이다는 것을 알아야 한다.(혹 대접받는 입장이면 대접하는 자를 위해서 간단하게 축복하는 내용을 곁들일 수 있다.)

무엇보다도 식사 기도는 주신 은혜에 감사하는 일과 하나님의 영광을 위해서 먹고 능력 받아서 일할 수 있도록 구하는 것이 바람직한 기도라 할 수 있겠다.

『장로신문』 1994년 8월 13일

교회 개척은 교회가 해야 한다

교회를 개척하는 것은 희생과 관리가 수반되는 것이기에 무엇보다 결정 이전에 기도가 먼저 우선되어야 한다는 것은 이론이 따를 수 없는 것은 교회 주인은 하나님이시기 때문이다. 오늘날 교회 개척이 홍수를 이루고 있고 같은 건물에 교회 간판 물결이 층마다 즐비한 것은 우리 신자들의 눈에도 거슬릴 때 세상 비신자들이 보고 질타하고 짜증 내는 것을 들어보는 경우가 적지 않다.

이러한 현상을 도피하는 방법 중에 하나라면 교회가 직접 개척하는 경우가 된다면 그러한 부작용을 피할 수가 있겠다. 교회가 개척한다면 임대 건물을 이용하는 것보다 부지를 마련하고 교회당을 신축할 수 있는 힘으로 한다는 것이어야 하고 공동체를 이루는 의미를 가져야 한다.

오늘날 신학을 졸업하는 목사 후보생이 일 년에 수천 명이 배출된다는 통계를 지상보도로 충분한 자료를 얻어볼 수 있다. 오늘날 교화 추세들을 보면 기성교회들이 부교역자를 청빙하고자 해도 희망

자가 없어서 주간지 지상에 광고란에서 부교역자를 목 타게 기다리고 있는 것을 볼 수 있다. 원목 밑에서 남의 지배를 받는 것보다 교회 개척해서 단독목회를 하기 위해서 임대 보증금이 없으니 임시교회 간판을 걸고 졸속 개척하는 경향들을 부인할 대안이 없다고 할 것이 아닌 때가 온 것 같다. 그런가 하면 오늘날 유동신자가 교회를 택할 때는 안주할 수 있는 크고 기성교회를 찾고 있는 성향으로 미자립 교회가 살아남을 수 없는 꼴이 되었다.

그리고 보니 교인 쟁탈전이 치열할 수밖에 없다는 것을 피부로 느끼게 된다. 할 수 없이 개척 교역자는 주간지마다 교회 후임자를 찾는 광고란에 빗발친다. 그리고 성도 몇 사람을 놓고 흥정 대상이 되는 처참한 놀음판이 되는 것을 보면 가슴이 미어지는 것 같다. 하물며 하나님께서 보실 때 침묵하시는 호통이 귓전을 울리는 것 같다. 양들은 누구의 것인데 팔고 사는 것인지 우리 모두 한국교회가 비참한 현실을 외면할 수만은 없는 것이라고 보는 것이 옳다고 본다. 그리고 또 하나의 문제로는 개인이 개척하고 교회가 자립할 수 있도록 성장하면 누가 했다고 하는 독선과 오만이 교회에 문제로 남는 확률을 무시할 수 없는 사례들을 볼 수 있다. 그러한 교회는 예수님보다 우선 권위가 존재한다, 할 수 있으니 교회가 신앙의 공동체가 형성될 수 없고 조직교회로 역할 분담의 형성이 될 수 없는 경우가 우려되고 있다.

우리는 하나님으로부터 교회를 받들도록 한 위임자이지 지배자가 아니다.(그 일로 대제사장들의 권세와 위임을 받고 다메섹으로 갔나이다. 행 26:12)

그래서 목사로 위임케 하고 장로로 취임케 하고 집사를 택하고 각 기관을 조직하고 기관장에게 기관을 위임한다. 그래서 조화를 이루고 희생해도 기쁘고 바치어도 감사한 것이다. 그러기에 총회 차원에서 제도적으로 교회마다 1년 예산에 일정한 기준을 두고 의무적으로 교회가 분립 개척하는 법을 선포하고 시행해야 한다고 필자는 감히 재연한다. 그리고 신개척교회 주변에 분포된 교인을 개척한 교회에 출석하도록 하고 계속 관리 지원하는 것이 가하다고 본다. 그래서 지역적으로 교회 난립현상과 관리 독선 현상과 양을 팔고 사는 현상을 일소하는 방법이라 사료된다.

『크리스찬신문』 1994년 8월 13일

정죄보다 용서하는 교회 되어야

오늘날 신앙 주간지마다 예장(통합) 측 몇몇 모 목사들을 이단에 관여했다는 죄목으로 올가미를 씌우고 출교, 면직, 정지 등 기소한 사실로 한국 교계에 파문이 일었던 것이 가슴 아픈 일이 아닐 수가 없다. 벌써 십수 년 전의 일로 그것도 내막을 알 수 없는 상태에서 타의에 관여했다가 그 정체를 알고 필자의 객관적이기는 하지만 개인적으로나 공적으로 회개하고 사죄를 했던 것으로 알고 있음직한대 유대교의 율법으로 정죄하고 책벌한다는 것은 재고해야 되는 일이 아닌가 하는 아쉬움이 교계에서 인식을 같이하는 바이다.

혹 문제의 몇 분들이 오늘날까지 통일교가 옳다고 주장하거나 지금도 그 교리에 관여하고 있지 않은 것으로 판단된다면 우리는 다같이 용서와 화해의 교회가 되어야 한다고 필자는 보고 있다. 거슬러서 돌이켜보건대 지금으로부터 44년 전 1948년에 고신 측이 갈라섰던 이유는 1938년 9월 10일 평양 서문교회당에서 제27회 총회시 총회장 홍택기 목사는 박응률 목사 총대의 제의로 신사참배 결의 과정에서 '가'만 묻고 '부'는 묻지도 않은 채 결의봉을 두들겨 버린 것이다. 한국장로교회 역사와 정조를 스스로 유린한 돌이킬 수 없는 죄 중에서 가장 큰 우상 숭배하는 죄를 지은 그 책임을 총회가 결의한 것이기에 총회가 누구를 책벌하자고 하는 사람은 한 사람도 없었던 점을 생각해야 한다. 장로교단이 그러한 결의를 하고자 타 교단들도 연이어 신사참배하고 일본 순사들 앞에서 목숨이라도 건져 보자고 한국교회가 엄청난 오점을 남기고 말았던 점을 통회해야 할 일이 아닌가!

스스로 지은 죄를 스스로 회개했을 방법 외에 아무런 특별조사위원회나 재판국을 조직했던 기록이 없는 것은 힘 있는 자가 지은 죄를 감히 누가 정죄할 수 있었을 것이냐고 묻고 싶다. 사람은 엄청난 죄를 짓고도 그 사실이 사람들 앞에 드러나지 않았을 때는 겉으로 의젓한 의인 구실을 하고 있는 것이다. 얼마 전 감리교단의 모두 신학교 고수를 처리한 후 그 후유증이 적지 않게 문제로 남고 있는 것을 생각해 보아야 한다. 예수님께서 우리의 죄가 없었다면 무엇 때문에 십자가를 지시었겠는가? 더 값진 사랑은 용서라고 할 수 있겠으니 한 번 더 기회를 줘서 그러한 계기로 우리 모두는 교회와 국가나 또한 하나님께서 찾으시는 참지도자가 되어야 한다고 조심스럽게 총회에 제언하는 바이다.

죄질이 무엇이냐가 아니라 회개하면 구원에 이른다는 진리를 믿는 그리스도교이지 정죄하고 책벌하는 유대교가 아니기 때문이다. 굳이 책임이 있다면 득실거리는 이단들을 척결하지 못한 힘없는 총회가 책임이 있다고 우리 모두 자복하고 앞으로 이단들을 척결하고 감사하고 하나님께 영광을 돌리면 한다.

『크리스찬신문』 1994년 8월 27일

성령과 영성

흔히 성령과 영성을 혼동하는 경향을 볼 수 있다. 성령을 받은 것이라면 예수 믿기 시작 곧 예수를 구주로 영접하는 순간이 성령을 받은 것이다. 그래서 우리를 구원코자 택하신 분이 계시기에 나는 구원받았다는 것이고 받았다는 어휘는 주시는 분이 계셨기에 받을 수 있다는 의미로 부여하는 것이다. 세례 중에는 성령세례(불세례라고도 함)와 물세례가 있다,

성령세례는 예수를 믿기 시작하는 순간이며 받았다는 것인데 요즈음 부흥 강사들이 성령을 받으라고 하는 실수는 평범한 일 예사스러운 일로 알고 있으니 참으로 답답한 일이 아닐 수 없다. 죄 사함을 받고 하나님의 자녀 곧 권속이 된 것은 주님이 죽음이란 희생의 대가로 된 것이니 성령을 선물로 받으리니(행 2:28)라고 하셨고 너희가 그 은혜에 인하여 믿음으로 말미암아 구원을 얻었나니 이것이 너희에게서 난 것이 아니요 하나님의 선물이라(엡 2:8)하신 말씀을 생각하면 선물은 받을 사람의 의사가 아니고 주는 분의 의지로

행해지는 것을 어떻게 성령(선물)을 받으라고 외친다는 말인가? 문헌상으로 '성령'은 성신이라 했고 성부 성자와 함께 삼위일체로 성부로부터 나온 '초자연'의 인격화됨(HOLY HEAVEN)이라고 주석했다. 그렇다면 하나님을 어떻게 사람이 지배할 수 있단 말인가?

 너무도 조심스러운 일이다. 성령을 오시오 가시오 하는 위험한 죄를 짓지 말자. 성령론을 잘못 이해시키는 책자를 이단시하는 적지 않은 사례를 우리는 알고 있다. 영성은 후천적인 것으로 하나님께서 원하시는 생활을 말하는 것이고 신앙과 인격의 변화로 신앙생활이 승화되는 과정을 말하는 것이며, 신앙과 인격의 지도자로 하여금 혹은 스스로 지배적이든지 피지배적일 수가 있어서 가변적이다.

 그러므로 자기의 생활을 성령에 투영하여 각고의 노력으로 영성의 생활을 개발하는 것이고 이렇게 했을 때 영성의 훈련이니 영성의 개발이니 영성의 교육이라고 해야 걸맞은 말이 된다.

 우리는 성령을 거스르는 죄 중 일상생활들 속에서 무심코 짓는 죄를 흔히 볼 수 있다. 필자가 아는 모 장로님의 주일 낮 예배 대표 기도에 하나님의 거룩한 목사님이라 하는 말을 들은 기억이 있다. 목사직은 하나님의 종으로 말씀을 가르치는 직분자인데 어찌 하나님의 목사라고 해야 하는가?

 그렇다면 하나님을 먹이고 가르친다는 위험한 기도 내용인데도 철부지 한 성도들은 아멘이라고 화답하는 것을 볼 수 있으니 한심한 장로가 얼마나 또 있을 것인가 생각한다.

 목사는 성도들의 목사이지 하나님의 목사가 아니고 하나님의 종이라고 칭한다. 그리고 목사를 거룩하다는 말도 잘못된 말이다.

거룩한 분은 하나님 한 분밖에 없다는 진리를 알아야 한다. 그래서 장로의 자격에 상당한 식견이 있어야 한다는 조건을 달아둔 것이다.

『장로신문』 1996년 2월 11일

교인에게 봉사활동 강요하지 말아야

　오늘날 교인의 동향을 보면 모이는 교회와 줄어드는 교회로 구분돼 가는 양상을 볼 수 있다. 예전과 같이 교회가 전도 운동을 해서 교회를 키우는 시대가 아니고 교인이 교회를 스스로 선정하고 본인이 교회를 택하는 양상이다.
　주는 교회 조용한 교회 부담 없는 교회를 찾고 있다. 스스로 자진 등록하는 교인과 얘기를 나눠보면 이웃 교회에서 신앙생활을 하다가 목회자들의 일방적으로 교회를 끌고 가는 교회에서는 신앙생활의 의미를 찾을 수가 없다고 한다. 그리고 주지 않고 헌금만을 강요하는 것에 지친 성도들의 모습을 흔하게 들어 볼 수 있다. 약한 자에게 주고 나그네에게도 주는 교회를 교인은 좋아한다.
　헌금을 바치는 것을 더 기뻐하고 봉사는 하던 사람이 더 봉사한다. 필자가 출석하는 교회 개척 당시의 에피소드를 하나 소개하고자 한다.
　소급해서 15년 전의 일이다. 예배 장소가 비좁아서 몇몇 집사들을 불러들여 준비실 벽을 헐어내는 작업을 하게 되었다. 직장 관계로 시간을 내지 못할 것이라고 생각하여 참여시키지 못한 K모 집사가 화가 난 모습으로 필자를 찾아왔다.

"장로님 다음 주일부터 나는 다른 교회로 나가겠습니다. 장로님이 어찌 그럴 수 있단 말입니까."라며 오해를 단단히 하고 항의를 하기에 이유를 물었더니 "자기한테는 연락도 없이 교회 작업을 할 수 있느냐."는 불만이었다. 그런 말을 들은 본인은 도리어 고마우면서도 미안한 마음이 들었다.

그리고 그 성도에게 정중히 사과하고 내부벽 페인트칠하는 일을 맡겼던 일이 있었다. 교회의 일은 서로 의논하고 같이 일하도록 하여 전교인을 동참케 하는 일이 얼마나 중요한가를 배울 수가 있었다.

잘되지 않는 교회는 몇 사람이 지배하는 주입식 교회운영이 주요인이 되고 있음을 알아야 한다. 성경에 아무나 오라고 하셨으니 아무라도 일할 수 있도록 일감을 주고 스스로 책임감을 주며 의욕을 주어서 합력하여 선을 이루는 교회가 잘된다고 본다.

목회자는 봉사를 강요하지 말고 성경을 소개하는 자세 잘 가르치는 것이 바람직하다. 명령이나 지시하는 주입식을 탈피하고 스스로 봉사하는 분위기로 궤도 수정하는 것이 아쉽다.

'의논이 없으면 경영이 무너지고 지략이 많으면 경영이 성립하느니라'(잠 15:22)

『크리스찬신문』 1995년 4월 8일

교회에서 축사는 없어야 한다

허다히 교회에서 행사 때마다 예배 순서에 축사의 순서를 넣고 장시간을 허비하면서 장황하게 축사하는 것을 볼 수 있다.

박사학위에 축사하고 위임식이나 장립식에서 축사하는 것은 이미 예사로 되어있다. 사람을 위해서 축하예배는 예배모범상에서 있을 수 없다. 예배의 목적이나 대상은 두말할 나위 없이 하나님의 영광을 위함이요 대상은 하나님이기 때문이다. 축사하는 말은 구약에서 2번 나오고 신약에서 10번 나온다. 그 내용을 보면 구약에서는 여호와께 제사를 드릴 때 제물을 놓고 축사할 일이며, 신약에서는 오병이어와 질병이어의 기적을 행하실 때와 12제자를 모아두시고 행하신 만찬상에 떡과 포도주를 놓고 예수님께서 직접 축사하신 것을 볼 수 있으며 바울이 배 안에서 여러 날 굶주린 성도들에게 떡을 먹일 때 하나님께 축사하고 먹었다고 했던 점을 볼 수 있으니 모든 축사는 한결같이 하나님께 바치는 기도의 행위라고 볼 수 있다. 성서의 근거를 두고 생각해 볼 때 각종 예배 시에 사람의 업적을 치하하는 축사는 하나님께 모독하는 행위라고 해야 마땅한 표현인 듯하다.

예배를 통해서 하나님께 영광 드리자는 의미를 저버리고 사람을 위하는 예배는 위험한 일이라고 보는 것이다. 차라리 잘한 일이라고 칭찬할 말이 필요하다면 격려사 장려사로 대치해서 더 잘하고 더 충성하라는 충고가 바람직하다고 필자는 말하고 싶다. 주인의 즐거움에 참예 할지어다(마25:33) 하셨다. 앞으로 더 일 많이 하고 충성해서 하나님이 기뻐하시는 일에 동참하라고 하신 것이고, 영광의 주인은 결코 하나님이신 것을 사람에게 돌릴 수 없음이다.

본인이 시무하는 교회에서 각종 교육기관의 과정을 졸업시키는 졸업 예배시 본인을 축사의 순서로 관여한 일이 있다. 그럴 때마다 신앙적으로 꺼림칙한 생각을 저버릴 수가 없었던 점을 고백한다.

'거룩한 것을 개에게 주지 말며 너희 진주를 돼지 앞에 던지지 말라 저희가 그것을 발로 밟고 돌이켜 너희를 찢어 상할까 염려하라'
(마 7:6)

『기독교연합신문』 1995년 4월 30일

3부
신앙의 교만

장로는 '협력자' 존재해야 평안

　장로는 성경적으로 감독자라고 되어있다. 감독이라고 하는 것은 상대자 또는 백성의 지도자라고 성서적인 뒷받침을 찾아볼 수가 있다. 잘하고 있는지 잘못하고 있는지 감시하고 지도하고 계도해서 국가법에나 교회법에 혹은 사회질서 혹은 도덕상에 어긋나지 않도록 하게 하는 제도로 공적인 직분의 봉사자이다. 그런데 오늘날 교회에서 보면 계급의 권위의식을 갖고 행세하는 것을 볼 수 있다. 지금의 장로는 국가나 사회에서 부여하는 일이 없어지고 개교회에서 요구하는 일밖에 관여할 수가 없게 되어 있다. 다만 스스로 봉사하는 것 외에는 어떠한 일을 관여한다는 의미를 부여할 수가 없다.
　개교회에서 장로가 하는 일은 성도들에게 본을 보여야 하고 질서를 체계 있게 유지하는 것이 할 일이라고 볼 수 있겠다. 그런데 장로가 본을 보여주지 못하고 성도들을 신앙과 질서로 다스린다는 것은 불가능한 것이다.
　장로는 시아버지가 되어서 질서를 유지시키는 일을 해야 되는, 즉 하나님의 공의를 실현시켜야 하는가 하면 또한 친정어머니가 되어서 성도들의 아픔과 어려움에 있는 형제에게는 찾아가서 위로하고 격려해주고 가난한 자를 돕는 것을 외면해서는 안 되는 것이다. 기본적으로 장로는 세례교인 30명마다 한 사람씩 세우는 제도로 장로는 평신도의 30배를 봉사해야 하는 책임이 있다 하겠지만 필자 자신부터 솔직한 고백을 하면 너무도 장로가 할 일을 잃고 권리만 행사하고 있다.

심지어는 장로가 교회에서 기업회사로 볼 수 있는 사장이나 회장의 자리에 군림하고 있다는 풍문을 들어 볼 수 있다. 교역자를 등 밀어 몰아내는 일이 장로의 본분이 아니라고 할 수 있겠는데 의무는 외면해도 좋고 권리만 행세하는 것은 교회의 부흥에 장해의 요소가 되고 있고 성도들로 역동작이 발생될 때는 교회가 갈라지고 상처만 남는 것을 알아야 한다.

다른 교회는 잘되고 우리 교회는 잘 안 되는 책임을 목사에게만 있다고 몰아세운다. 교회가 부흥한다는 것을 목사의 몫이라고만 할 수 없다. 목사는 장로들의 협력을 받아내는 운영의 묘를 살리고 장로는 협력자로 화음을 이룰 때 교회는 성장하고 은혜가 있는 것이다.

그리고 하나님께서 보시기에 좋아하신다. 목사가 장로를 무시하거나 독주하는 것은 철저한 독소이며 장로가 목사를 인사 권하는 행사도 독소이다. 우리는 신앙 이전에 인격과 도덕의 바탕에서 조화를 이루고 우리 모두는 처세 이전에 처신의 공감대를 이루어서 하나님이 보시기에 좋았더라 하시는 음성을 들었으면 한다.

『기독교연합신문』 1995년 7월 16일

농어촌교회 외면할 수 없다

오늘날 대형 교회들의 구성원을 알아보면 원입 교인으로의 분포율이 불과 얼마 되지 못하고 거의 시골 농어촌 교회 출신으로 아니면 한 교회로부터 몰려들고 있는 양상을 볼 수 있다.

대도시에 소재하고 있는 교회들은 그 연혁이 얼마 되지 못하지만 큰 교회는 기성 교인들로 주종을 이르고 있다. 그들의 모 교회를 물어보면 대다수가 농어촌 출신으로 그들은 소박한 부모님의 모태신앙으로 순수하고 때 묻지 않은 신앙으로 자라서 지금은 대도시 대교회 수만 명이 모이는 교회로 몰려들고 있다. 그들은 땅을 버리고 흙을 부모에게 맡기고 도시 생활로 전환하는 양태를 볼 수 있으니 농촌에는 일손이 없어서 땅이 잡초로 뒤덮인 것을 볼 수 있다.

그런가 하면 도시 재벌들이 돈뭉치를 들고 와서 땅에 투기하고 있다. 성서적으로 땅은 분배를 했지 사고판 사실이 없다. 다만 아브라함이 자기 아내의 묘지로 쓰기 위해서 헷족속(헤브론의 거민 혹은 히위족속)으로부터 막벨라굴을 은 4백 세겔을 주고 산 일 외에는 땅을 팔고 사는 일이 없었다. 요셉지파가 여호수아에게 말하기를 우리는 큰 민족이 되었으니 한 분깃으로는 좁으니 다른 땅을 더 요구했을 때 여호수아는 네가 큰 민족이 되었으니 에브라임 산지가 네게 너무 좁을진대 브리스사람과 르바임 사람의 땅 산림에 올라가서 스스로 개척하라(수 17:14~15)고 하신 말씀을 생각할 때 하나님의 뜻은 땅을 투기하는 것이 금지사항으로 보아야겠다.

 농어촌 교회는 도시교회를 위해서 교인 양성소가 되고 있는 것을 알아야 하고 도시교회들은 농어촌교회들이 열악하고 폐쇄 직전에 놓여있는 교회들을 책임지고 적어도 교역자들의 생활비를 전담하는 일을 맡아야 한다. 교역자들의 사명감이 없어서가 아니라 농어촌교회를 기피하는 것을 탓할 것이 아니라 본인들의 먹고사는 것은 차치하더라도 노부모를 부양하는 일이며, 자녀들의 교육문제들을 무시할 수 없는 처지를 같이 생각했으면 한다.

 시골 노약자 교인은 낮에는 들로 나가서 일을 해야 되기 때문에 목회자들은 심방 할 가정이 없다. 밤에는 낮에 일해서 피곤하니 심방을 받을 처지가 되지 못하고 일찍 잠자리에 들어야 이른 새벽에 또 들로 나가는 형편인 것을 볼 수 있다.

 옛날 선교사들이 한국을 처음 찾을 때 어촌을 찾았고, 농촌을 찾았다. 그리고 소박하고 순진하고 가난한 농어민을 먼저 찾아 선교활동을 폈다. 한국 농어촌이 한국교회 교인 신앙의 텃밭이었다. 한국 농어촌교회 교역자들은 할 일들을 잃고 배가 고프고 외롭고 고독한 꼴로 전락하고 있다.

그 책임은 떠난 교인들에게 돌리지 말고 큰 교회들의 몫인 것을 통감해야 한다. '이런 것은 먹고 마시는 것과 여러 가지 씻는 것과 함께 육체의 예법만 되어 개혁할 때까지 맡겨둔 것이니라.'(히 9:10)

『기독교연합신문』 1995년 9월 24일

신앙과 성품과 능력과 자격을 갖춘 지도자

박일성 목사님을 부총회장으로 추대하는 본인 고대곤 장로는 1990년부터 장로신문 외 기독교 언론지에 250여 회 신앙칼럼을 기고한 사람으로 누구보다도 후보자의 성품과 신앙과 목회자의 능력과 자격을 잘 알기에 조금의 여과도 없이 진솔하게 추대의 글을 드립니다.

군산중부교회의 개척은 본인과 박일성 목사님 단 두 가정에서 교회 개척 3년 전부터 기도하고 준비하였습니다. 고대곤 장로 집에서 교회 개척 하루 전, 두 가정이 준비의 감사 기도회를 가졌습니다.

다음 날 1980년 4월 26일에 중부교회 간판을 걸고 개척예배를 드리고 창립 1주년 되는 날, 더도 덜도 아닌 120명의 성도교회가 되게 해 달라고 기도한 대로 120명 성도가 모여 감격스러운 예배를 드렸습니다.

오늘날 29개 성상에 교인 2300여 명의 교회로 성장시키셨고 아파트촌에 부지를 매입하고 금년 중 매머드 새 성전을 건축하기로 설

계도에 건축허가까지 받아놓은 상태입니다. 29년간 본 교회가 아주 작은 문제 하나 없이 비로소 그리스도인이라 칭함을 받았던 안디옥 교회처럼 지역에서 조용하고 좋은 교회라고 소문을 듣게 된 것도 박일성 목사님 특유의 화해와 일치의 목회 철학에서 나온 결실이라고 본 추대자는 존경하는 1,500 총대님들에게 자신 있게 말씀 올립니다.

아울러 빼놓을 수 없는 박 목사님의 목회방법은 병들고 가난하고 소외되고 그늘진 곳에 처해 있는 자들을 우선 돌보는 목회에 초점을 두고 지역사회와 미자립 교회를 돕는 일에 온몸을 던지시는 맞춤형 목사님입니다.

이것은 큰 지도자로 손색이 없다고 보기에 '작은 일에 충성하였으니 큰일을 네게 맡기리라' 하신 주님 말씀을 생각하면서 진인사대천명의 심정으로 부총회장으로 준비된 박일성 목사님을 믿고 본인은 기도하는 마음으로 여러 총대님들께도 공감이 되었으면 하는 바람으로 추대의 글을 올립니다.

떠나는 이에게 관심을

교인들의 유동 현상에 비해 이에 대한 한국 교회의 관심과 대응은 소홀하기만 하다. '전쟁할 수 있는 남자'를 계수하거나 성막에서 일할 만한 사람 30~50세까지 계수하니 몇 명이라고 숫자를 파악한 것 등을 보면 성경에서 보여주는 수의 개념은 당시 백성을 관리하는 데 얼마나 철저했는지를 짐작케 한다.

교회마다 매 주일 몇 사람 또는 몇십 명씩 새로 등록을 하고 예배 시간에는 환영하는 시간을 가지며, 「축하 박수」까지 동원하는 등 법석을 떠는 모습을 볼 수 있다. 그러나 주일마다 모이는 수는 항상 그 숫자를 맴돌고 있으니 그 이유를 알 수가 없다.

총동원 전도주일이라는 거창한 행사를 통해 교회의 부흥을 도모하겠다는 비생산적인 생각은 그만해야 할 때다. 지금은 교인이 교회를 선택하는 것이 일반적이며, 직장과 주거지 이동이 교회 선택의 이유가 되고 있다.

"새로운 교우가 등록할 때는 주보에 소개도 되고 하지만 떨어져 나가는 교인의 행적은 찾아볼 수가 없다. 어떤 이유에서든지 떨어져

나가는 이들을 위한 교회의 세심한 배려가 아쉽다.

『장로신문』 1996년 3월 23일

신학교 명칭 '목회자학교'로 바꿨으면

신학교라면 '하나님을 배우는 학교'라 하겠기에 일반적으로 학교라고 하는 곳은 가르치고 배우는 공간이라고 할 수 있겠다. 부류에 따라 그 수준과 등급에 걸맞은 유치원에는 학교에 입학하기 전에 학령이 안 된 어린이에게 쉬운 음악, 그림, 공작, 율동 따위 활동을 통하여 심신의 발달을 꾀하는 교육 시설로 배우는 자가 어려야 한다. 또한 초등학교 중고등학교 대학교가 있듯이 각각 연령과 과정의 수준에 따라서 피교육자의 학력 수준에 따라 각종학교라는 명사 앞에 관사가 붙는다. 신학교라면 사람이 아닌 신 즉, 하나님이 배우는 학교라는 해석이 가능하다고 보겠기에 필자는 일찍부터 신앙적으로 거리끼는 것을 어느 기회를 통해서 피력하고자 했다.

문헌상에 신학교는 기독교의 원리를 가르쳐 교역자를 길러내는 학교라고 있는 것을 보았다. 그러나 국문학자는 국문학자로 이미 교계에서 만들고 쓰이는 말을 그대로 전하는 가교역할만 했지 국문학자가 신앙적으로 그 의미를 깊이 있게 다룬 것은 아니라는 것을 알아야 한다. 예를 들면 명문 있는 국문학박사인 양주동 씨는 철저한 불교인이었다는 것을 알아야 한다.

신이라고 하면 일반적으로 말할 때 하나님을 제외한 오만가지의 신이 있겠지만 기독교 안에서 경외하는 신은 유일(唯一)의 곧 여호와 하나님이시라는 것을 굳이 주석할 필요성이 없다.

그렇다고 보면 별도로 학술적으로 논할 가치가 없다고 보고 신학(神學)이라 하던가 목회자학교라고 그 명칭이 바뀌어야겠다는 것이다. 혹 이러한 제언을 권위 있는 신학박사나 교수가 하는 말이라면 독자들로 하여금 쉽게 공감대를 이룰 수가 있겠다고 필자는 상당한 세월을 두고 생각을 해보았다.

졸지 하한 장로가 하는 말이니 평범한 생각으로나 혹은 무의미한 난센스라고 넘겨지는 일로 생각할 수가 있으리라고 생각도 충분히 숙고하고 주저했던 것이다.

학교라고 하는 것은 일정한 목적 설비제도 및 규칙에 의거하여 교사가 피교육자에게 교육을 실시하는 기관이라고 정의를 내릴 수가 있다고 할 때 사람이 신 즉 하나님을 교육을 실시하는 기관이라는 것은 하나님이 학생이 된다는 것을 변명할 여지가 없다는 것이기에 하나님을 만홀히 여기는 죄를 짓지 말라는 것이다.

신학(神學)의 명칭을 신학(信學)이라 명칭으로 바꿔서 학생은 믿음을 혹은 성경을 배워서 교회에서 믿음을 가르치고 성경을 가르치는 목회자로 지도하는 교육기관이 되는 것이 바람직하다고 조심스럽게 감히 제언하는 바이다.

『크리스찬신문』 1996년 6월 1일

기도의 상대는 하나님

　기도의 상대는 두말할 나위 없이 하나님이다. 하나님께 감사함으로 영광을 돌려 드리고 자기의 죄를 고백하며, 하나님 말씀대로 살 수 있도록 구하는 것이 기도이다. 그런데 목청을 높여가며 너무도 당당하게, 때로는 하나님을 혼내는 어조로 대표기도 하는 사람을 볼 수 있다.

　어린 시절, 일제강점기 때 학교에서 오늘날의 등록금인 월사금 납부기일을 지키지 못하게 되면 선생님들은 미납한 학생들을 복도에 세워놓고 벌을 주는 일이 있었다. 다음 날 아침에 등교하면서 아버님께 조심스럽게 "아버님 학교 선생님이 월사금을 오늘까지 가져오라고 하는데요." 하고 부모님의 얼굴 표정을 살피던 기억이 있다.

　아버님께서 어떻게 말씀하시나 하고 기죽은 심정으로 처분을 기다린다. 아버님께서 무거운 음성으로 "오늘은 돈이 없으니 내일 가져가거라" 하시면 어려워서 더 이상 독촉을 하지 못했다. 무서운 일본 선생님한테 또 벌을 받을 생각을 하면서도 부모님의 말씀에 더 이상 이유를 달 수가 없었던 것이다.

　하물며 하나님의 은혜에 감사드리고 지은 죄를 고백하며 용서를 구하면서 어쩌자고 하나님께 호령하는 어조로 기도를 드리는 것인가. 기도를 하면서 많은 수식어를 동원하고 어려운 말을 나열시킬 필요는 없을 것이다. 나약한 인간들이 하나님께 기도하면서 무엇무엇을 달라고 명령조로 하는 것은 기도하는 사람이 취할 태도가 아니다. 신앙인은 하나님을 경외하면서 하나님께 구할 것이 있다면 두렵고 떨리는 심정으로 기도를 드려야 마땅할 것이다.

『한국기독공보사』 1996년 8월 31일

봉헌기도 유감

　우리가 드리는 기도는 몇 가지로 구분할 수가 있겠다. 구분해보면 감사의 기도, 회개의 기도 서원의 기도 소원의 기도, 이웃을 위해서 복을 비는 축복의 기도, 하나님께 영광을 돌리는 예배의 기도 등이 있겠다.

　그중에 대예배와 헌신예배 순서에서 헌금을 드리는 봉헌하는 기도가 있는데 흔하게 들어볼 수 있듯이 드리는 자의 내용이 아닌 삼십 배 육십 배 백 배로 갚아달라고 외쳐대는 것은 기도라고 볼 수가 없다. 헌금이란 지금까지 지내온 일에 대해서 함께하신 일에 감사하는 목적이라고 해야 되는 것이건만 장삿속으로 갚아달라는 것은 헌금이라고 할 수가 없다. 헌금은 드리면서 감격스럽고 감사해서 눈물을 흘리면서 우는 심정으로 드리는 것이어야 하나님께서 받으시면서 기뻐하시지 어찌 그것도 백 배를 되돌려 내어놓으라고 조건을 걸 수가 있겠는가.

　우리가 바른 신앙생활을 하자고 하는 것은 진리를 알고 진리대로 사는 것이라고 하면서, 자기의 소욕대로 살자고 상대자에게는 손해를 보는 과정 속에서 나에게는 유익한 일이 있으면 은혜가 있다고 하고 나에게 손해가 되는 것은 상대자에게는 시험 들었다고 몰아세우는 것을 흔하게 볼 수가 있다.

진정한 은혜는 웃는 것에 있는 것이 아니고 억울하다고 생각될 때 참고 견디며 용서하는 것이고 어려운 이웃과 고통 속에 있는 이웃과 더불어 우는 곳에 은혜가 있는 것이다. 부잣집에서 잘 대접받고 나오면서 은혜가 있다고 할 수가 없고 가난한 자의 가정에 가서 같이 눈물 쏟아가며 같이 기도하고, 주머니를 털어 보태주어야 은혜가 있다고 해야 걸맞은 말이 될 수 있다.

높은 사람에게 값진 선물을 주는 것보다 고아와 가난한 과부에게 구제하는 그것이 더 은혜가 있는 것이다. 성서에 큰 자에게 선물을 하지 않았다고 죄가 된다는 말씀은 없으나 가난한 자에게 구제하지 않는 것은 죄라고 하셨다. 허다히 죄란 피해만 주는 것이 죄라고 알고 있겠으나 선을 행동하지 않는 것도 죄가 된다는 것을 알아야 한다. 하나님께서 가난해서 헌금을 요구하신 일이 없고 헌금을 다시 사람들 속으로 들어가서 하나님께서 기뻐하시는 곳에 쓰일 때 하나님께서 더욱 기뻐하신다고 알아야 한다. 있는 사람은 십일조를 내어 놓고 없는 사람은 교회에서 십일조를 받아가야 이른바 교회라고 하는 것이다.

초대교회 당시에 헌금이 쏟아져 나오고 은혜가 넘치고 성령이 충만했을 때 교회는 시험에 들었다. 그 내용인즉 헌금을 핵심 멤버 히브리(아브라함 후손) 족속 상대로만 구제하고 이방인들인 헬라파(그리스사람) 사람들의 과부에게는 구제 대상에서 빠진 것을 장로(사도)들에게 항의하자 사도들은 그들의 불만의 소리를 수용하고 헌금의 관리권을 집사 일곱 사람을 선출하고 스데반(헬라파사람)을 비롯한 최초의 집사회가 조직된 것으로 교회에서 최초로 민주주의가 발상된 것을 알 수가 있다.

이사야 41장 1절에 섬들아 내 앞에 잠잠하라 민족들아 힘을 새롭게 하라. 가까이 나아오라 그리고 말하라 우리가 가까이하여 새로 '변론하자'라고 하셨고 잠언 15장 22절에 의논이 없으면 경영이 무너지고 지략이 많으면 경영이 성립하느니라 하셨다. 바쳐진 헌금은 충분한 기도가 수반되고 제직회에서 충분한 의론과 변론을 여과한 후 예산을 집행해야 은혜가 있는 교회가 될 수가 있다.

오늘날 주는 교회, 베푸는 교회 구제하는 교회가 부흥하고 은혜가 있다. 헌금이 얼마나 들어왔느냐는 시험이 도는 것이 아니고 헌금을 어떻게 쓰이느냐에 따라서 은혜도 되고 시험도 될 수가 있다. 조심해야 할 것은 헌금을 위해서 기도를 할 때 많이 나올 수 있도록 위해서가 아니라 헌금을 유익하게 값있게 공동체 생활을 위해서 쓰이도록 기도를 해야 한다.

필자가 출석하는 교회에서는 재정부장을 초대교회의 정신을 살려서 집사들도 돌려가며 시켜본 일이 있다. 집사들의 고유 권한은 재정을 출납하는 것이 성서적이기 때문이다. 필자는 수년간 각종 주, 월간지에 170여 회에 신앙수필을 기고했지만, 성서의 근거를 두고 한 것 외에는 글을 써본 일이 없으니 헌금에 대한 것을 취급한 것을 오해가 없기를 바란다.

　필자는 신학을 한 적도 없고 문학을 한 적도 없으며 아주 평범한 교인이고 자식 하나가 목사가 되었기에 너는 섬기고 베풀고 덕을 행동으로 보이는 목회하라고 귀에 공이가 박힐 정도로 이미 유언을 주었다.

『목회자신문』

신앙의 교만

　사람의 생활 속에서 여러 모양의 교만이 있다. 근본적으로 교만한 사람이 있다. 이 교만은 참으로 고치기가 극히 어려운 일로 평생 교만을 부리다가 죽고 만다.

　사람이 상황에 따라서 변질이 될 수 있겠는데 권력의 교만과 물질의 교만 지식의 교만 등 갖가지의 교만이 있겠는데 이러한 상황에 따라서 중간에 오는 교만은 상황에 따라서 달라지게 될 때 교만이 고치어질 수가 있다.

　그런데 가장 위험한 교만은 신앙의 교만이다. 하나님과 동격이라는 소리와도 같다는 말이고 나는 하나님의 뜻대로만 살고 스스로 거룩한 척한 것으로 사람을 보고도 어울려지지도 않고 세속적일 수가 없다는 척하는 것은 마치 박태선과 같이 자칭 감람나무라고 한다. 예수님의 피가 자기 몸속에서 흐르고 있다는 어처구니없는 소리를 했던 것을 지탄받고 이단 중의 이단으로 한국 교계가 일제히 들고 나왔다.

예수님께서는 구약의 율법에 지치고 사는 사람들을 죄의 사슬에서 은혜 속에 두시고 대화로 푸시려는 사람의 모습으로 직접 세상에 오시어서 천한 뱃사람을 만나고, 죄지은 세리를 만나고, 지도자층의 의사도 만나서 여러 모양으로 된 사람들과 같이 고루 고루이다. 다양한 사람들을 제자들로 삼으신 것과 현장에서 간음한 여인도 만나시고 병든 자와 어린아이들까지 대화의 상대자로 삼으신 것은 예수님이 천박하시어서 그러한 사람들을 찾으신 것이 아니라는 것을 잘 알아야 한다.

우리가 예수님을 알고 있다고 해서 의인이 되는 것이 아니고 예수님을 믿고 있다고 해서 도매금으로 의인이 되는 것도 아닌데 어찌 우리가 교회를 다닌다고 거룩해지고 죄 없는 척하며 신앙의 교만을 부릴 수가 있다는 말인가. 돈이 있는 사람의 돈 교만은 별문제가 될 수 없다고 보겠다. 돈이 있고 없는 것은 숫자로 표시할 수 있기 때문에 객관적으로 인정을 할 수 있기 때문이다. 그러나 그러한 교만도 역시 없는 것보다는 좋을 수는 없겠지만 신앙 교만보다는 별 큰 문제로 삼을 필요가 없다고 본다.

신앙의 척도는 사람으로는 알기가 결코 불가능한 것이고 다만 하나님께서만이 심판하실 수 있기 때문이다. 사람의 생각에 죄로 보는 것이 하나님께서는 죄로 여기지 않는 것도 있겠고 사람에게는 의로 여길 수도 있는 것이 하나님이 보실 때는 죄라 인정하실 수가 있다는 것을 생각하면 참으로 조심스러운 일이다.

거룩성에 대한 개념을 착각하고 있는 것을 보겠는데 사람에게는 거룩하다고 할 수 없는 것으로 하나님께만 적용되는 말로 하나님을 모독하는 죄를 짓지 말아야 한다. 흙은 흙이고 옥은 옥이지 흙이 옥이 될 수 없고 옥이 흙이 될 수가 없다는 진리를 모르고 있는 것 같다. 그래서 성부, 성자, 성령 혹은 성신(神), 성은(聖恩), 성경이라 해서 거룩성을 부여하고 있음을 알아야 한다. 모든 죄 중에서 성령을 거스르는 죄는 용서받지 못한다고 하셨음을 알아야 한다.

혹, 성직이라는 말이 있지만 사람이 거룩하다는 것이 아니고 하나님의 일을 맡은 자라는 뜻이라고 해석해야 한다는 말이다. 수년 전에 모 목사님이 장로는 성직이 아니라고 하는 말을 했던 일로 장기간 장로들로부터 질타를 받고 해명을 하지 못하고 곤욕을 당한 일이 있었는데 문헌상에 성직이란 선교사, 목사, 장로 등의 교직자라고 되어 있고 다만 성직자라고 할 때는 교역자라는 뜻으로 풀이된다.

성직이든 성직자이든 하나님의 일을 맡은 직분이란 뜻 이상의 의미를 부여할 수가 없다.

스스로 거룩하다고 하고 신앙의 교만을 부린다는 것은 하나님과 동격이라고 하는 엄청난 죄를 짓고 있다는 것을 알아야 한다. 예수님께서 베드로에게 너 나를 사랑하느냐고 물어보실 때 베드로의 마음을 몰라서 물어보신 것이 아니고 고백을 받아내려는 뜻을 알아야 한다.

『장로신문』 1996년 9월 21일

욥의 고백

    의인도 죄를 지을 수 있는 것. 죄인이 따로 있고 의인이 따로 있는 것은 아니다. 죄인이 의인 될 수 있고 의인이 죄인 될 수 있다.
    죄에는 사람을 해치는 죄가 있고 하나님을 해치는 죄가 있는데 이중 더 무서운 죄는 하나님을 해치는 죄다. 그러나 하나님께서는 죄의 크고 적은 것을 구분하시지 않을 뿐만 아니라 죄인을 그냥 두시지 않고 참으시며 회개하는 자에게는 용서하신다는 진리를 가르쳐 주셨다. 바로 그 대가로 예수님께서는 희생의 제물이 되셨다. 십자가를 지실 때 '백성이 다시는 죄를 짓지 않는다면 대신 죽어 주시마' 하는 조건을 걸지 않으시고 그냥 털 깎는 자 앞에서 잠잠히 죽어 주셨다.
    욥은 재물로는 최고의 부를 누렸고 자녀도 10자녀를 두어서 자식끼리 서로 화목하고 부족한 것 없이 평탄한 생활을 했으며 신앙도 신실해서 하나님으로부터도 의인이라고 인정을 받은 사람이면서 동방사람 중에 가장 큰 자라고 했다. 하나님께서는 사단을 시켜서 욥을 유의(시험)을 해보라 지시하셨고 사단은 욥의 종을 죽이고 가축을 빼앗았고 10자녀가 장자의 집에서 생일축하식을 하는 동안 갑자기 태풍이 불어서 집이 무너져 그들이 순식간에 다 죽었다. 그러나 욥은 겉옷을 찢고 머리털을 밀고 땅에 엎드려 하나님께 경배하고 원망을 하지 않은 것을 보시고 그와 같이 순전하고 정직하여 하나님을 경외하며 악에서 떠난 자가 세상에 없느니라 칭찬하신 것을 볼 수 있다.

그래도 하나님은 욥에게 병을 주어서 다시 시험케 하여 발바닥에서 정수리까지 악창이 나게 했으니 재 가운데 기와 조각을 가져다가 몸을 긁고 있는 모습을 보고 있던 그의 아내는 하나님을 욕하고 죽어버리라고 했으나 오히려 어리석은 여자라고 하면서 결코 입술로 죄를 짓지 않았다. 이 소식을 듣던 세 친구 대만사람, 엘리바스와 수아 사람, 빌닷과 나아마 사람 소발이 찾아와서 권면하는 소리에 죄없이 망한 자 누구이며 정직한 자의 끊어짐이 어디 있겠느냐고 세 친구가 욥과의 변론으로 대화가 계속 이어졌다. 그러나 죄 없다고 주장하는 욥과 죄의 대가로 하나님께서 너에게 벌을 주셨으니 회개하라는 충고를 거부하는 것을 보던 젊은 사람 부스사람 엘리후가 노를 발하니 그가 욥에게 노를 발함은 욥이 하나님보다 자기가 의롭다 하느냐고 질타하고 나섰다.

그러나 욥을 움직일 수 있는 설득력이 세 친구로 불가능한 것을 아신 하나님께서 직접 음성을 우렁차게 울려주시면서 죄가 없는 욥에게 스스로 의롭고 죄가 없다고 고집하는 신앙의 교만이 있다고 정죄하시고 너는 나와 같은 우렁찬 음성을 가지고 있다는 말이냐 나와 같이 강한 팔을 가지고 있다는 말이냐고 호되게 책망을 하신 것을 볼 수 있으니 사람에게는 행동하는 죄와 마음으로 짓는 죄가 있다고 보는 것이다.

그리고 욥을 죄 있다고 회개하라고 괴롭혔든 세 친구를 꾸짖으시고 내 종 욥의 말같이 정당하지 못하다고 책망하신 일들을 생각할 때 모두가 죄인인 것을 알 수가 있다는 것이다. 그래서 죄인도 회개하면 의인이 될 수 있다고 보겠다. 과거에 선한 일을 했다고 해서 차후에 죄를 지은 것이 면죄부가 될 수가 없다. 선한 것은 선한 것으로 하나님께 영광이 될 것이며 죄를 지은 것은 죄지은 것만큼 나에게 죄의 대가가 부여되는 것이기에 우리는 언제나 신령한 생활이 부단히 이어지도록 한다. 주님께서는 계산적이 아니라 지금은 은혜 받을 때라고 말씀하셨다. 사람들 세계에서는 손익에 대한 계산서를 들고 타산적이어서 흥정하고 조율하지 하나님께서는 철저하게 죄는 죄로 보시고 의는 의로 각각 상급을 주신다는 것을 알아야 한다.

욥은 의로 행한 부분에 대해 이미 상급을 받았는데도 스스로 의인이라고 하는 자만 죄가 있다고 지적하신 것이다. 죄를 지었으니 헌금을 많이 하고 죄를 용서받겠다는 식으로 하나님의 마음을 사람의 생각과 같이 보지 말아야 한다.

『크리스챤신문』 1996년 11월 16일

초대교회로 돌아갈 때 부흥 가능
주님을 교회 주인으로 고백해야

초대교회는 은혜가 있었고 사랑이 있었다. 모이기를 힘썼고 성령이 충만했으며 아낌 없이 헌금을 해서 그 헌금으로 구제를, 또한 물건을 자기의 것이라고 주장하지 않고 서로 통용하였다. 그러나 자기가 내어놓았지만 자기가 구제한 것이 아니고 교회 이름으로 구제를 했다고 되어 있다.

초대교회 당시에는 은혜가 넘쳤지만 사도들의 시행착오로 교회에 문제가 있었다. 그 문제는 초대교회 교인들이 사도들과 가까운 히브리 사람들만 상대로 구제 활동을 하는 것을 보고 외부 헬라 사람들에게는 가난해도 구제를 하지 않느냐고 사도들에게 문제를 제기하면서부터이다. 당시 재정을 관리하던 사도들이 그러한 지적을 즉시 받아들이지 않았다면 초대교회는 산산이 흩어지고 말았을 것이다.

그러나 "사도들은 정신을 차리고 그들의 말이 옳다. 우리는 말씀만 강론하겠으니 너희 중에 믿음이 신실한 사람 일곱 사람을 택하라"고 했다. 스데반을 비롯해서 집사 일곱을 뽑아 헌금관리를 집사들에게 맡기니 문제는 쉽게 풀렸다.

오늘날 교회는 문제에 봉착할 때마다 입버릇처럼 초대교회로 돌아가야 한다고 목청을 높이고 있다. 오늘날 교회들은 문제가 없을 수는 없다. 왜냐하면, 사람들이 하는 일이 완벽할 수는 없는 것이고 모든 일이 성서적일 수만은 없는 것이기 때문이다. 교회의 문제는 성서적이 아닌 정치적인 것으로 해결하려는데 문제가 있다.

"너는 우렁찬 하나님의 음성을 갖고 있다는 말이냐, 너는 나와 같은 강한 팔을 갖고 있단 말이냐고 호되게 책망을 들은 욥이 고백하기를 귀로만 듣던 주님을 눈으로 보나이다"라고 했다. 자기를 꺾고 포기하고 죽이지 않고는 안 된다.

교회가 부흥한다는 것은 교회가 조용하고 문제가 발생하지 않고 헌금을 쓰일 곳에 잘 쓰는 것을 일컫는다. 그러나 성가대가 찬양을 잘하고 장로가 기도를 잘하고 목사가 설교를 잘한다고 교회가 부흥하는 것으로는 볼 수 없다. 물론 그러한 기본적인 것들도 필수적이라고 하겠지만 일단은 문제가 발생하지 않는 교회가 되어야 한다. 혹 문제가 발생되는 경우라고 해도 문제의 발생자가 즉시 근신할 때 문제 해결은 가능한 것이다. 또한 교회가 베푸는 일을 많이 하는 교회로 소문이 날 때 교회는 스스로 부흥한다고 말할 수 있다.

예루살렘 교회가 핍박을 받아 안디옥으로 피난한 후 그곳에 교회를 세우고 모이기를 힘쓰는 등 소문이 좋게 났기 때문에 그리스도인의 교회라고 인정을 받을 수 있었다. '내 교회'라고 하는 정신이 아닌 '주님의 교회'라고 생각할 때 서로가 겸손하게 된다.

『한국기독공보사』 1997년 2월 1일

왕자병

 오늘날 높은 사람들이 일삼고 있는 부정부패를 보면서 국민은 한 목소리로 질타하고 나섰다.
 특검제도로 구약 때 재판장이 우림과 둠밈(URIM과 THUMMIM)의 흉패를 가슴에 달고 하나님과 사람 앞에 한 점 부끄러움 없는 공의의 재판을 하여서 응어리진 국민의 가슴을 후련하게 열어주어야 한다.
 우림이 주어지면 지도자에게 죄가 있고 둠밈이 주어지면 백성에게 죄가 있다는 재판법을 도입해야 할 것이다.
 왕자는 무슨 돈으로 대형 개인사무실을 차려놓고 도대체 무슨 결재를 했다는 말인가. 웃지 못할 난센스가 풀리지가 않는다. 솔로몬왕의 왕자 '르호보암'의 축소판이라는 말인가. 어느 공사판에서 돈을 벌었는지 검은돈이 아니라 명명백백하게 해명을 바라고 싶다.
 오늘날 기독교가 김영삼 장로님을 힐난하며 질타하고 나서는 것을 왕과 왕자는 귀를 열고 들어보기 바라는 마음이다. 궁색한 변명보다도 다윗왕처럼 침상을 적시며 눈물로 철저한 통회 자복하기를 교계는 바라고 있음을 알아야 한다.

대통령이 되기 전의 김영삼 장로님에게 필자는 한국 기독교인들의 결집된 신앙 양심의 목소리라고 생각하시면 합니다.

이도령의 사시(詩)가 생각납니다.

금준미주(金樽米酒)는 천인혈(千人血) 옥반가효(玉盤佳肴)는 만생고(萬姓膏)라 촉누락시(燭淚落詩)에 민루락(民淚落) 하니 가성고처(歌聲高處)에 원성고(怨聲高)라.

해석하면 금으로 만든 금독아지에다 쌀로 빚은 술은 천 사람의 피요. 옥으로 만들어진 쟁반에 좋은 안주는 만 사람의 기름이니 촛농이 떨어지는 시간에 백성의 눈물이 흐르는 것과 같으니 높은 곳에서 부르는 노랫소리는 원망하는 소리로다 했답니다.

'시저'는 누가 죽였고 예수님은 누가 죽였습니까? 국민 앞에 진솔한 사과문을 발표하신 것처럼 용기를 내시고 특별검사제도를 실시하고자 하는 목청은 백여 명의 야당 국회의원들의 것으로만 생각은 착각입니다. 오죽했으면 정부에다가 국가를 맡길 수가 없으니 국민이 직접 국가를 건지자고 각계 원로들이 발 벗고 나섰겠습니까?

김영삼 장로님! 대도무문(大道無門)이라고 하시고 닭의 목을 비틀어도 날은 샌다고 하셨고 야당 총재 당시에 최루탄을 맞았고 군부독재에 항거하는 단식투쟁도 하셨고 의원직을 박탈당하기도 하셨지요. 개혁이란 뼈를 깎는 고통 없이는 불가능하리라고 생각합니다. 국민의 저항보다 하나님을 두려워하심이 더욱 급할 것 같습니다.

'야율초채(耶律楚材)'라는 칭기즈칸의 정치 참모가 한 말이 생각납니다. 의로운 것을 새로 시작하는 것보다 해롭다고 알고 있는 하나를 먼저 제거하라고 했답니다. 최초의 선지자 '아모스'가 북조 이스라엘의 지도자들에게 회개하라고 외쳤으나 듣지 않을 때 BC 722년에 앗수르에게 망하고 남조 유다국이 회개하라고 경고하던 예레미야의 말을 듣지 않을 때 BC 586년에 바벨론 느부갓네살 왕에게 망하고 말았던 진리를 생각합시다.

김영삼 장로님, 퇴임 후 노인정에서 담소도 같이하고 그늘진 거리에서 장기도 같이 두고, 사람 많은 고속 터미널에서 값싼 자동판매기에서 따끈한 커피도 같이 뽑아 마십시다. 그리고 화합의 멜로디를 같이 부릅시다.

1997년 7월 26일

충고는 곧 사랑

　세상에서 가장 허물이 없는 사이는 다정한 친구이고 부부관계라고 할 수 있다.
　허물이 없다고 하는 것은 격의가 없으니 무슨 말을 할지라도 상대가 오해하지 않는다. 잘못된 점을 지적해도 부담 없이 그 말에 불편하게 생각하지 않는다.
　성서에도 피차 서로 위하여 권면하라고 하신 것을 보면 권면은 하는 사람이 따로 있고 듣는 사람이 따로 정해져 있는 것이 아니다. 상대를 사랑하고 상대를 아끼자는 데서가 아니고는 충고나 권면의 의미는 없는 것이다.
　평소 나와 가깝지 못한 사람이 나를 호되게 나무라고 혼내면서 폭언으로 나를 공격해올 때 그 충고를 편하게 받아들이기가 역겨워진다. 왜냐하면 나를 죄악시하고 저주스러워하는 태도가 싫기 때문이다. 그러나 가까운 친구나 부부 사이에는 상대가 싫어서가 아니라 아끼고 그리스도의 사랑으로 상대자가 실족하지 않도록 안타까운 심정으로 마음이 서로 통할 때 그 충고는 값을 내는 것이라고 보겠다.

흔히 볼 수 있는 것은 하나님의 말씀을 전한다고 하면서 청중을 혼내면서 죽을죄나 있는 것처럼 저주 섞인 음성으로 대중을 상대로 귀청이 나가라고 호되게 나무라는 것이다. 그러나 이것은 마치 나는 죄가 없고 너희 모두는 죄가 있다고 지적하는 폭언으로밖에 들리지 않는다는 것을 알아야 한다.

"성경에 이렇게 기록이 되어있더군요"라고 말씀을 소개하고 말을 하면서 자기를 포함시키고 공감대를 이루는 것이 예배다. 상대자의 죄를 지적하는 것이 예배가 아니다.

합력하여 선을 이룬다고 하신 말씀을 보면 죄를 지적하는 것이나 힘을 필요로 하는 것은 편견적이고 부분적일 수밖에 없다는 것을 공감해야 한다.

사람이란 아무나 죄를 지을 수도 있고 선을 행할 수가 있다. 옛날 구약의 선지자나 신약 때 세례 요한이 백성을 상대로 호되게 책망한 것은 사람의 감정으로 한 말이 아니다. 하나님께서 하고 싶은 말씀을 맡긴 자의 입을 빌린 것이지 결코 사람의 생각을 말한 것이 아니다.

기도는 상대자가 하나님이시고 설교는 상대자가 사람들이라는 것을 알아야 한다. 시간 내고 돈을 내고 부동자세로 한 시간 넘게 자리에 앉아서 하나님께 예배한다는 것은 인도자나 설교자를 위해서가 아니라는 것을 알아야 한다. 고성능 마이크로 귀청이 터져나가고 심장이 터지라고 병을 주는 곳이 교회가 아니다. 바울 선생은 밥으로 먹이지 아니하고 젖으로 먹였다고 했으니 감당하지 못할까 그리했다고 했다.

이렇게 하면 저주를 받는 것이라고 하는 것보다 이렇게 하면 복을 받는다고 하시는 것이 듣는 자에게 크게 은혜가 되고 거부감이 없는 것이다.

목동이 양 떼를 몰고 푸른 초장에 인도할지라도 가시가 있거나 독성이 있는 풀은 뜯지 않는다는 것을 알고 있다. 충고나 권면은 일방적이 아니고 피차 서로 위하여 권면하라고 하셨다. '서로 위하여'라고 하신 말씀은 사랑으로 하라고 하신 뜻으로 이해가 된다.

의견이 상충될 때는 서로의 양측이 50대 50이다. 큰 자나 힘 있는 자나 형이 1%만 양보하면 문제 된 사안이 원만히 잘 해결이 된다. 힘없는 자는 항상 대항적이고 투쟁적이고 양보하는 것은 좀처럼 어려운 것으로 보아야 한다.

받아내기 위해서는 먼저 주어야 하고 적은 것을 먼저 주면 큰 것을 얻어 낼 수가 있다.

하나님께서 율법을 선포하신 것은 백성을 징계하시기 위한 것이 아니고 구원코자 하신 하나의 수단이라는 것을 알아야 한다.

『크리스찬신문』 1997년 9월 8일

내 양을 먹이라

하나님께서는 당신의 백성을 당신을 사랑하는 자에게 위임하시는 것을 알 수가 있다. 베드로를 불러 세워 '너 나를 사랑하느냐'고 물으실 때 '주를 사랑합니다' 하고 대답하자, 주님께서는 두 번 세 번 거듭 반복하시면서 '너 나를 사랑하느냐'고 하였다.

베드로는 왜 세 번씩이나 주님을 사랑하느냐고 묻고 계실까 당황하며 내가 주님을 사랑하는 것을 주님께서 잘 알고 계신다는 어벌쩡한 대답을 하게 되었을 때 예수님께서는 너의 양이 아닌 나의 양 즉 예수님의 양을 먹이라 하셨다. 다시 말하면 백성을 사랑하고 진리를 가르쳐 전하라고 분부하셨다.

그렇다고 보면 예수님은 참 목자이신 것을 알게 된다. 그런데 오늘날 목회자들은 스스로 목자이고 성도들은 자기의 양이라고 말하고 있으니 어처구니없는 말이라는 것을 알아야 한다.

세상적인 목자는 목동이라고 표현되어야 마땅하다. 목동은 양을 키우고 지키어서 그 양이 자랄 만큼 자라면 그 양에서 털을 얻고

가죽을 취하며 그 고기를 목동이 먹어 치운다.

그렇다고 볼 때 그 양들은 목동을 위해서 존재하고 목동을 위해서 희생당하는 것을 말할 수 있으니 어찌 참 목자라고 자칭할 수 있겠는가.

참 목자는 예수님을 가리킬 수가 있겠는데 참 목자 예수님은 털을 얻고 가죽을 취하고 고기를 취하는 것이 아니고 도리어 스스로 몸을 버려 대신 죽어 주시고 백성을 위해서 희생양이 되셨기에 참 목자라 하는 것으로 목회자들은 스스로 목자라는 말을 남용해서는 안 된다는 것을 알아야 한다.

차라리 목사라고 하는 것이나 목자라고 하는 것보다 예배를 인도하는 자이기에 예배장이라고 했으면 타당성 있는 말이 되겠다고 필자는 조심스럽게 제언하고 싶다.

구약시대는 제사를 드렸기에 제사장이라고 했던 점을 생각해보면 오해가 없으리라고 생각한다.

또 하나 생각해 봄직한 것은 담임목사를 당회장이라고 대칭하고 있다. 때로는 집사들이나 평신도들도 당회장님이라고 하면서 위해서 기도해 주는 소리를 들어 볼 수 있다.

당회장이라는 말은 비성서적인 말로 기관장의 의미가 있고 또한 권위를 부여하자는 의미가 있다고 보겠는데 당회장이라고 부를 때는 목사와 시무장로로 구성하는 회로 당회원들이 모여서 장로들이 당회할 때만 당회장이라고 호칭을 쓸 수 있는 말이 적절한 말이라고 보겠다.

비근한 말로 노회장이나 총회장을 본교 교인들이 부를 때 노회장님 혹은 총회장님! 하고 부른다면 얼마나 어색하고 부자연스러운 말인가 생각해보면 담임목사의 호칭은 심사숙고할 문제라고 보아야 한다.

심지어 제직회를 할 때도 집사들이 그저 회장이라고 불러도 되는 것을 당회장님이라고 호칭하는 것을 들어본 적이 있다.

제직회할 때는 제직회장, 당회할 때는 당회장, 공동의회를 할 때에는 공동의회장, 노회를 할 때에는 노회장, 총회를 할 때는 총회장이라고 각각 부르는 호칭을 찾아야 맞는 말이듯 목자라고 함부로 무분별한 호칭은 삼가해야 하겠다.

참 목자 되신 예수님께서는 고난의 십자가를 지시면서 어린양이라고 겸손하게 손수 가르쳐 주셨음을 알아야 한다.

『크리스챤신문』1997년 11월 3일

므비보셋의 고백

기도할 때마다 고정(固定) 메뉴로 죄를 고백하고 목이 터지라고 회개하는 것을 빼놓을 수가 없다.

우리가 하나님 앞에 기도할 때는 무엇보다도 먼저 감사하는 일과 지은 죄를 고백하는 것은 너무나도 필연적인 것으로 습관적으로 하는 소리로만 내는 것은 기도의 의미가 없다 하겠으니 감사한 것은 무엇으로 표현할 수가 없는 것이고 어떠한 수치로, 표시로도 나타낼 수도 없는 것이다.

우리가 흔하게 생각되는 감사에는 먹고 자고 입고 건강한 것으로 감사의 표시가 국한되어지는 것이라면 고정된 틀 속에서 반복되는 신앙생활로 달라질 것이 없고 신앙이 성숙될 수가 없다.

옛것은 지나갔다고 하셨지만 우리는 고정관념을 벗지 못하니 당초에 받은 달란트를 땅에 묻어놓고 무사안일에만 만족하고 있을 수만은 없겠다.

사울 왕이 무고한 다윗을 죽이려고 했던 의도는 자기의 아들 '요나단'보다 지혜가 있고 용모가 우아하고 전쟁에 용맹스러워 크게 전과를 올리고 백성들로부터 추앙을 받는 것들이 뛰어난 것을 못마땅하게 여기고 차기 대권(왕위)이 요나단의 몫이 될 수 없을 것 같은 우려에서 다윗을 죽여야 된다는 악신(惡神)이 사울의 마음속에 들어갔다고 성경에 기록하고 있다. 요나단도 친구 다윗을 좋아하고 부왕(父王) 사울과 같지 않고 다윗이 왕이 될 것을 원했던 것을 보면 다윗이 얼마나 훌륭했을 것인가 하고 미루어 생각할 수가 있겠다.

사울은 블레셋과 싸우는 걸 보아 전투에서 중상을 입고 자살로 생을 마치고 요나단도 죽은 후 다윗은 2대 왕으로 40년간 이스라엘 통치자로 위대한 왕으로 기록되어 있다.

그가 재위 당시에 원수 사울 왕의 손자인 '므비보셋'이 다윗의 가문을 피하려다가 그의 나이 다섯 살 때 유모의 등에 업혀 피난하다가 넘어져 절름발이 신세가 되고 고아의 처참한 꼴이 되었건만 다윗왕은 원수인 사울을 용서하고 생명의 의리인 친구 요나단을 생각해서 므비보셋을 궁전으로 초대하고 같이 살자고 했을 때 감격스러웠던 소년 므비보셋은 다윗 왕에게 죽은 개 같은 나를 돌아보시나이까? 하고 고백했던 것을 생각할 수 있다.

집도 부모도 없는 비참한 처지에 놓여 있건만 감히 왕의 궁전에서 먹고 자게 되었으니 고맙고 감사한 심정을 무엇으로 비교할 수가 없었던 것을 비단 남의 일로 생각할 것이 아니라 내 죄로 내가 죽을 수밖에 없었던 죄를, 대신 죽어 주신 주님의 은혜를 얼마나 참으로 감사한가를 다시 한번 자신의 신앙을 하나님의 뜻에 투영해

보아야 된다고 본다.

기를 쓰고 실컷 살아보았자 백 년에 불과할 터인데 백 년을 잘 살자고 영원한 삶을 버릴 수가 없다는 것이다. 우리는 입을 열면 혀가 달고 입술이 깨어지라고 밥을 주시고 옷을 주시고 죽지 않도록 병 고쳐달라고 외쳐댈 것이 아니라 과연 하나님께서 나를 향해 무엇을 원하고 계시느냐고 물어보아야 하고 내가 영생할 수 있도록 인치어 주신 것을 감사하고 하나님을 사랑할 수 있게 하신 것을 감사해야 바람직한 기도라고 할 것이다. '나는 인애를 원하고 제사를 원치 아니하며 번제보다 하나님을 아는 것을 원하노라'(호 6:6) 하셨으니 하나님께서는 어떠한 대가를 요구하는 것이 아니라 하나님의 권위를 인정해 드리는 일과 우리 사람과의 관계를 알아 달라는 주문이신 것을 바로 알아야 한다.

하나님은 가난해서 물질이 필요하신 것도 아니다. 소유하시고 창조하시는 분이시기에 주시는 일을 하신다는 것은 알아야 한다. 우리가 헌금을 해도 도로 우리 사람이 쓰고 도로 세상으로 나가고 만다는 것이다.

누가 얼마나 더 바치고 누가 적게 바쳤다고 천국의 소유가 더 되고 덜 되는 것도 아니다. 하나님은 흥정의 대상이 아니라 주신 말씀대로 사느냐 못하느냐에 따라서 천국을 소유하느냐 못 소유하느냐에 대한 너무나 엄격하신 하나님이시다.

므비보셋은 자기의 처지를 알고 자기의 조부되는 사울 왕의 죄를 알고 있기에 죄의식 속에서 다윗을 두려워했기에 도리어 용서받은 것은 죄의 의식 속에서 죄를 인정한 데서 아마 다윗은 용서했는지도 모르는 일이다.

하나님 앞에서는 죄를 부인하는 것이 더 큰 죄가 된다. 죄를 시인하고 고백할 때 용서를 받지, 죄의 의식이 없는 공식적이거나 형식적인 회개는 용서받지 못한다는 것을 알아야만 할 것이다.

『장로칼럼』 1998년 8월 8일

굶고 있는 목회자들을 큰 교회들이 도와야 한다

　죄의 의식 중에서 하지 말라고 하신 것을 하는 것만 죄라고 착각하고 있는 것을 보겠다. 그런데 하라고 하신 것을 행치 않는 것도 죄가 되고 죽은 믿음이라고 하셨다. 혼자 먹고, 혼자 살고, 혼자 구원받으면 된다는 말씀은 성경 어느 곳에서도 찾아볼 수가 없다.

　지상의 보도를 보면 목사 안수를 받고 사역지가 없으니 처자가 먹고 살길을 찾다 보니 사회직장을 찾아도 일할 곳이 없으니 건축현장에서 막노동을 하려고 나서 보았지만 건축 현장도 사람이 포화상태로 줄을 서서 대기 중이라고 하는 기사를 볼 때 참으로 안타까운 일이 아닐 수가 없다. 고급 인력 의사가 남아돌고 성직자가 남아돌아간다는 것은 교계의 구조가 잘못된 것이다.

　목사가 교회를 맡지 못하면 목사가 아니고, 실직자이고 일반 교인들만도 못한 일이다. 딸을 주고 기대하고 있는 처족들의 심정과 주위의 비신자의 친인척들의 시선은 어떠할는지 감히 생각은 주관적으로 생각하고 주관적으로 해결할 문제라고 보아야겠다. 개척을 하는 것도 모험이기도 하지만 돈이 없으니 엄두도 내지 못하고 최후의 방법으로 동료 목사들한테 찾아가서 몇 푼의 돈을 빌려서 끼니를 연명한다는 말을 들어본 적이 있다.

교단 차원에서 만사 운동을 펼치고 있는데 만교회 운동은 과연 바람직한 일인지 다시 기도할 문제가 아닌가 하고 생각이 든다.

교회 개척은 개인이 하는 것보다 교회가 하는 것이 바람직한 일이라고 본다. 그 이유는 개인이 개척하면 개척자가 교회의 주인이 되고 사장이 되고 잘못되면 교주가 되는 경향이 있기 때문이다. 개인이 개척할 소명을 받았다고 할 때는 그는 헌금을 하고 교회의 이름으로 개척을 하는 것이 바람직하다고 본다. 필자가 봉사하는 교회에서는 매년 1개 교회를 개척하는 대원칙을 세우고 작년부터 시행하고 있다.

개척한 교회가 자립할 때까지 목회자 생활비를 담당하고 있다. 농어촌 교회 출신자들로 도시 교회를 채워주고 있다. 그러기에 도시교회는 농어촌 교회에 대해서는 빚을 지고 있으니 그 빚을 갚는 일이 과제인 것을 알아야 한다.

도시 교회의 80%가 농어촌 출신인 것을 볼 수 있다. 총회 차원에서 무임 목사와 농어촌 교회의 목회자들의 생활비를 책임을 지는 구조적인 제도화가 이뤄줘야 한다고 감히 힘주어 말하고 싶다.

『크리스챤신문』 1998년 9월 14일

그러니까 사랑해야지

하나님은 일방적으로 우리를 택하시고 일방적으로 사랑하셨다.

죄인에게 무슨 공로가 있겠는가. 주님의 공로로 구원받은 것이라고 고백하면서 먼저 믿는 우리가 예수의 사랑을 보일 때 우리의 몸에 예수의 흔적이 있음을 보일 수가 있다고 본다.

그러기에 바울은 내 몸에 예수의 흔적이 있다고 자신 있게 고백한 것을 알게 된다. 탈북자들의 말을 듣게 될 때 북한의 실정을 속속들이 직간접적으로 보고 들어 볼 수가 있었다.

탈북자들이 어린아이들을 안고 국경을 넘었지만, 부모 된 자신도 당장 먹고사는 일이 급해지고 보니 버려둔 아이들은 불시에 고아가 된 신세가 된 것을 알게 된 조선족 목사들이 일정한 장소에 모여서 고아원을 설립하여 티 없이 길러주고 있는 것을 보고 조금 도와준 일이 가슴 아팠고 청소년들의 탈북자들의 모임처를 찾아보니 나무판에 '그래도 사랑해야지 그래서 사랑해야지 그러니까 사랑해야지' 하는 글판을 새기고 있는 모습들을 볼 수가 있었다. 그러한 탈북자가 말로는 십만 명이 있다고 하는데 정확한 통계는 알 수가 없다고 한다. 그들은 조선족 교회마다 찾아다니며 구걸하고 몇 푼 모으면 다시 북으로 되돌아간다고 한다.

되돌아가서 교회가 도와주었다고 가족들에게 주위 사람들에게 교회가 주었다고 하는 말을 입에서 입으로 전해지는 것은 직접으로 선교를 할 수는 없을지라도 간접적으로 얼마든지 선교가 북에도 들어가고 있음을 암시하는 것이다.

중국 사회에서도 탈북자들이 사회적 문제로서 속출하고 있는 것이어서 골치를 앓고 있다고 한다. 공안 당국에 발각되면 즉시 북으로 환송되는 것이기에 눈을 피해가면서 걸식하는 자들을 돕는 것이 보이지 않는 선교사업이라고 보겠으니 한국교회가 할 일은 교회를 짓고 선교관을 짓고 수양관이나 기도원을 막대한 돈을 들여서 짓는 것 탈북자들을 돕는 일이 우선된 급한 일이라고 생각된다.

동행한 목사님이 기도를 해주니 아멘 소리가 터져 나오고 있기에 아멘은 어디서 배웠느냐고 물어보니 최 목사님께서 가르쳐 주었다고 하면서 북에서는 예수라는 말은 들어본 일도 없고 교회는 구경도 해보지 못했다고 한다. 앞으로 1년 후면 한국전쟁 난 지 50주년이 되는 희년으로 성서적으로 풀어보면 희년이면 되돌려 보내는 의미로 이산가족이 되돌아가는 통일의 날이 돌아올 것을 대비해서 북한에 무너진 교회를 복구하는 대사업이 시작되리라고 믿고 싶다.

유다족 지도자들이 느부갓네살왕에게 끌려갔으나 택하신 백성을 버리지 아니하시고 바사국(페루시아국) 고레스왕을 통해서 바벨론을 치시고 다시 백성을 본국으로 되돌려 보내서 무너진 성전을 다시 세우는 공사에 금과 은과 짐승들을 바치게 하고 시작했음을 성서적으로 뒷받침해주고 있다.

전국교회는 남북한 선교주일을 6월 27일로 정하고 한 주일 헌금을 해줄 것을 총회에서 제정해 두고 있으니 적극 참여하여 주시기를 바라고 있다. 그러므로 교회의 이름으로 직접 북한에 식량 보내기 운동에 동참하여 주실 것을 간곡히 부탁드린다.

『장로칼럼』 1995년 5월 29일

미자립교회 목회자들을 도와야 한다

밖에서 하는 말을 들어보면 시장에는 불경기라 할지라도 교회는 불경기를 타지 않는다고 하는 말을 들어본 적이 있다.

오늘날 교회에는 돈이 몰리고 있지만 교회가 돈을 쌓아두는 것은 엄청난 죄악이다. 돈이 있으면 교회로 가져오게 하고 가져온 돈을 교회에서는 가난한 사람, 나그네와 고아와 과부에게 주라고 성서에서는 명령하고 있다. 오늘날 교회의 건물이 교회이고 하나님으로 착각하고 있다.

교회는 형태가 아니고 조직과 규모가 교회가 될 수 없다. 참된 교회는 사랑이고 구원을 받도록 가르치는 곳이 이른바 교회라고 할 수 있다. 초대교회 당시에 교회 건물이 없었고 조직이 없었다. 그리고 들어온 돈은 즉시 과부들을 상대로 구제했다. 그것을 보고 있던 성도들은 아낌없이 10의 1조가 아닌 자산을 통째로 팔아다 전부를 교회에다 바쳤다는 것을 알 수가 있다.

빨간 벽돌로 지은 교회에는 빨간 하나님이 계시고 큰 교회에는 큰 하나님이 계시며 가난한 교회에는 가난한 하나님이 계시는 것이 아니다.

　부모는 자식들이 다같이 잘사는 것을 바라지만 잘살고 못사는 자식이 있을 때 잘사는 자식의 것을 빼앗아다가 가난한 자식을 도와주고 싶어 하는 부모의 사랑을 이해하듯, 하나님께서는 가난하고 미자립교회의 교역자들을 관심 속에 두시고 계시리라 믿어진다. 그러한 하나님을 믿는다고 하면서 어려운 자, 어려운 목회자들을 돕지도 않고 관심도 없다.

　이단이 따로 있고 그 단체가 따로 있는 것으로 착각을 하고 있다. 처음에는 같은 것 같지만 끝이 다른 것이 이단이라는 것을 알아야 한다. 농어촌 교회는 도시 교회의 양성소이면서 산모 역할을 했다는 것을 알아야 한다. 농촌에서는 땅을 버리고 흙을 버리고 도시로 몰리고 있다.

　오늘날 농어촌 교회는 목회자들이 심방 할 집이 없다는 것이다. 70이 넘은 만년 할머니 여집사 허리 굽고 힘없고 돈 없는 노약자들로 그나마 한구석 몇 사람으로 자리를 유지하고 있는 노인장으로 전락하는 모습이다. 어려워진 목회자들은 큰 교회, 도시 교회에 손을 벌리고 있는 것은 현실로 드러나고 있다.

　오늘날 여유 있는 사람은 너무나 잘 먹어서 비대증에 걸리는 성인병이다, 지방간이다, 고혈압이다, 하는 고급 병에 걸리고 돈을 들여 살을 빼는 운동에 시간을 쪼개는 고충이 있다는 말이 이구동성이다. 그러나 시골 목회자들은 못 먹고 자녀 교육이며 모시고 있는 노부모 부양책도 없이 얼마나 고통이 극심할까 하는 생각을 한다. 한국교회는 이른바 하나님께서 원하고 계시는 구조조정은 과연 무엇일까 하고 숙고해 볼 문제라고 사료된다. 필자의 신앙 신조는 목회자들의 근본적인 생활에 구애받는 것이 있어서는 안 되는 일이라고 본다.

목회에 전념할 수가 없기 때문이다. 그렇다고 목회자가 교회에서 돈을 많이 벌어서 부자가 되라는 것도 결코 아니다. 망설일 것 없이 큰 교회들은 농어촌 교회와 개척하고 자립하지 못하고 있는 약한 교회의 교역자들의 생활비를 구조적으로 분담해서 전적으로 책임을 져야 마땅하다고 본다.

그리고 신학교 학생 수를 줄이고 목회자들을 양성해서 시대적으로 하나님께서 보시기에 기뻐하실 목회자, 진정으로 에스겔 34장의 말씀에서 한 점 부끄러움이 없는 신실한 목회자, 겸손하고 희생하고 섬길 줄 아는 목회자를 양성하는 것을 한국교회들이 바라고 열망하고 있음을 같이 인식하기를 바란다. 또 하나의 방법을 생각할 만한 것은 농어촌 교회 출신 교인은 현재 몸 담고 있는 교회에 십일조를 내는 것보다 농어촌 모교회에 십일조를 내게 하는 제도적으로 권유가 필요하다고 본다. 도시에 큰 교회로 부흥한 것을 보면 그 교회들이 원입 교인을 전도해서 부흥했다고 하는 근거는 없다고 통계가 말해주고 있다.

그러기에 도시의 큰 교회는 연약해진 농어촌 교회에 엄청난 빚을 지고 있다는 사실을 부인할 수가 없으리라 사료된다. 그리고 만사운동에만 추진하는 것보다 존립의 위험수위에 있는 농어촌 교회들은 교파의 관계없이 합병해 보는 것도 생각해 볼 문제라고 감히 제안하고 싶다.

또 하나 생각해 봄직한 것은 사역지가 없는 무임 목사들을 큰 교회에서는 팀목회를 적극 장려하자는 의미도 있고 생활수단이 없는 것을 착안하고 부목사의 수를 늘리는 운동을 전개하는 것도 바람직한 것 같다.

초대교회로 돌아가자고 외치고 있는 것은 공동체의 생활을 했기 때문이다.

『목회자신문』 1999년 8월 28일

교회는 성서 본래의 모습으로 개혁돼야 한다

교회개혁은 미룰 수만은 없다. 오늘의 사회에는 보수와 진보가 공존하고 있다. 그래서 조화를 이루고 대중문화를 이끌어가고 있다. 옛글에 온고지신(溫故知新)이란 말대로 옛것을 익혀서 새것을 알게 된다고 했다. 사물(事物)에는 진화론자들의 주장을 고집하고 있지만, 하나님의 진리는 처음부터 변할 수 없다. 단 일점일획도 바뀔 수가 없다는 것이다. 말씀은 곧 하나님이시기 때문이다. 허다한 말로 오늘날 나라가 바뀌고 정치가 바뀌어야 잘 살고 편하게 살 수 있겠다고 제만큼 제 몫을 챙길 수 있다고들 한다는데 사람의 기본권에 대해서 천부인권설이 있다고 어릴 적 학교에서 배운 일이 있다.

보수니 개혁이니 하는 각각 주장하는 소리마다 주석하고 나서는 것을 보면 사람의 가치관을 침해할 수 없다는 것이고 돈의 유무 지식의 다소에 따라서 사람의 가치가 정비례할 수가 없다는 것이다. 이러한 말보다 더욱 분명한 것은 교회에서는 밖에서 말하는 것보다 더욱 목청이 높아가고 있다. 그 이유라고 하면 사회보다 교회가 문제들이 심각해지고 있다고 입을 모으고 있기 때문이다. 보수를 주장하고 있는 자의 소리도 뜻이 있고 진보도 같은 소리를 하고 있는 것을 들어본다. 여기 다 색다른 말로 교회는 서둘러 개혁이 있어야 된다고 목청을 더욱 크게 외치고 나섰다.

　사회의 개혁은 주인공이 바뀌어야 하고 제도를 바꾸어야 하는 것으로 그 방법은 살상과 힘의 대결로 승자와 패자가 나와야 되는 것으로 피를 보는 물리적으로 하는 방법이 아니고는 절대 불가능한 것이므로 교회는 개혁의 방법이 달라져야 하는 것이다.

　이권 다툼으로 한국교회가 교파분열의 산파 역할을 한 것처럼 자신의 것이거나 자기파의 힘을 규합하자면 교회개혁이 아니라 교회는 공멸하고야 만다는 것을 명심해야 한다. 교회개혁은 머리띠를 두르고 주먹으로 허공을 치는 것도 아니고 사람의 수단이나 회법을 고치고 정관을 고치는 것으로만이 능사가 아니다.

　교회를 성서의 본래의 모습으로 되돌려 놓아야 되는 것이다. 교회는 발전이 아니라 최초의 교회 마가의 집 다락방의 모습으로 되돌려 놓아야 하는 것이 교회의 개혁이라 하겠다. 말씀은 말씀이니 말씀으로 남아 있어야 하고 교회는 교회로 남아 있어야 한다.

　교회개혁은 밀어내는 것이 아니고 교회개혁은 신앙의 개혁이고 지도자들의 마음을 비우고 군림의 자리에서 섬기고 베풀고 위로하고 도와주며 공동체 생활로 갈등의 의식에서 화합의 장으로 바뀌어야 하는 것이다.

　교회의 제도나 구조가 성서를 추월하고 있고 지도자가 성경의 위에 군좌 하고 있다는 것이다. 그러한 분들에게 교회개혁을 해야 한다고 하면 성큼 좋은 일이라고 하겠지만 막상 당신 때문에 개혁해야 한다고 하면 그렇다고 시인할 사람이 과연 몇 사람이나 있을까 하는 생각을 해 보았다.

사랑이 그리고 겸손이 교회개혁이고 지배가 아니고 섬김이고 내가 아니고 모두이어야 하며 우리들이어야 한다. 남의 탓이 아니고 내 탓이다. 구교에서 479년 전에 지붕을 달리하고 나온 것도 오늘의 개신교의 모습이나 방불하지나 않았을까 하고 생각해 볼 때가 있다. 우상숭배는 큰 죄라고 하면서 누구의 공적이 조금 있다고 해서 아무개 기념관을 수십억 수백억을 들여서 그가 죽어간 후에도 그 업적을 후손에게 길이길이 영광을 하나님께 아니고 누구에게로 돌리자는 것인가? 참으로 가슴 아프고 신앙 양심에 부끄러운 일이다.

교회개혁은 엉뚱한 곳에 있는 것이 아니고 나 스스로에게 지금 있는 것을 동감해야 한다. 오늘날 누가 제2 '마틴 루터'라고 나서서 현실교회의 모순된 문제들의 현대판 95개 조항을 들고나와서 교회개혁을 외치고 나온다고 가정할 때 교회개혁에 걸림돌이 된 분들이 과연 어떠한 반응이 나올 것인가 하고 자문자답을 해보았다. 교회개혁은 설득력을 받아 내려가고가 아니라 설득을 당해야 한다.

오늘날 교회가 부흥 성장도가 둔화 내지 마이너스 성장 하는 통계의 주원인은 교회개혁을 하지 않는 자기의 몫이라고 할 수 있다.

『크리스찬 신문』 1996년 1월 20일

거룩한 척하지 말자

　사람이란 결코 거룩해질 수가 없다. 내가 거룩하니 너희도 거룩해 지라고 하셨지 너희가 거룩하다고 하시지 않았다. 흔히 성직이라는 말을 쓰고 있지만 하나님을 가르키는 '성'이라는 말은 곧 하나님을 가르키는 뜻으로 성직이란 하나님의 일을 맡은 사람이라는 뜻으로 이해가 요구된다. 구약시대에서는 특정 지파에 한해서 성막에서 일할 수 있도록 되어 있었는데 그 족속이 바로 레위지파이다. 거룩한 것은 지위고하를 막론한 직분에 있는 것이 아니라 행위에 있다고 보아야 맞는 말이다. 그러나 거룩해지는 과정을 말하는 것이지 완전해질 수는 없는 것이다. 완전한 분은 곧 한 분이신 하나님 한 분뿐이다.

　그럼에도 혹자는 의식적으로 거룩한 모습을 보이려고 애를 쓰는 태도를 엿볼 수가 있다. 남들이 웃고 즐기는 공동체 생활 속에서 어울리지도 않고 괴팍한 선골처럼 분위기에 섞이지 않고 얌전하고 무게 있는 것처럼, 속과 겉이 다른 모양으로 애써 하나님처럼 거룩한 척하는 것은 거룩하신 하나님을 모독하는 것이다. '순진한 어린아이와 같지 아니하면 결단코 하늘나라에 갈 수도 없다'고 경고하셨기 때문이다. '너희는 내 규례를 지켜 행하라 나는 너희를 거룩케 하는 여호와니라'(레 20:8). 하셨고 '하나님의 말씀과 기도로 거룩하여 짐이니라'(딤전 4:5) 하신 말씀들은 한결같이 거룩은 하나님으로부터 나온다는 것을 알아야 하는 것으로 하나님을 닮아 가는 것을 요구하고 계신다. 그러나 인간들이 감히 어떻게 하나님처럼 될 수 있겠는가?

다만 인간들은 최선을 다해서 노력하는 것에 불과한 것이다. 만일 우리가 거룩하다고 인정하셨다고 하면 '의인은 없나니 하나도 없다'고 하셨을까 하고 생각을 해보아야 한다. 의인인 척하고 거룩한 척하는 것은 하나님과의 동격이라는 의미로 생각할 수 있겠는데 참으로 엄청난 죄를 짓는다는 것이다. '거룩한 것을 개에게 주지 말며 너희 진주를 돼지 앞에 던지지 말라 저희가 그것을 발로 밟고 돌이켜 너희를 찢어 상할까 염려하라'(마 7:6) 속된 것과 거룩한 것에 대해 분명하게 구분하셨다. 고린도 교인들에게 말씀하신 것을 보면 친히 종이 된 것과 유대인들과 같이 된 것과 율법 아래 있는 자들과 같이 된 것과 율법 없는 자들에게와 약한 자 같이 된 것과 여러 모양으로 나타나신 일들은 아무쪼록 인간들을 복음에 참예하고자 함이라(고전 9:19~23) 하고 간곡히 목이 타는 심정으로 백성들을 구원코자 하신 진리를 생각해보면 감히 어떻게 내가 거룩한 자라고 자인할 수 있겠는가.

교회에서 공동체 생활에서는 어린아이들에게는 어린 친구로 대해야 하고 없는 자들에게는 없는 사람들의 생활 속에 머물러 동참할 수 있어야 하고 노인들에게는 노인이 되어 주어서 상대자의 놀음판이 되어줄 때에 상대를 얻어내는 것이라고 본다. 나는 나고 너는 너라면 찬물에 기름이 떠다니는 것처럼 정을 같이 할 수 없고 항상 거리감이 있어서 성도 간 친교와 조화를 이룰 수가 없어서 교회의 부흥을 이룰 수가 없다는 것이다. 교회의 성장과 부흥은 그 교회의 지도자 질적 수준과 도덕적 수준과 지도력의 수준에 정비례하고 있음을 부인할 여지가 없다. 교회가 부흥하고 문제가 발생 되는 것에는 평신도들의 몫이 아니다.

저명한 신학교 교수들의 논설을 읽어보면 한국교회 교인들처럼 순종 잘하는 교회는 외국에서는 감히 생각할 수조차 없다고 한다. 상대자의 인격은 인정해 주지 않고 나 자신의 인격을 추켜세우려 한다면 항상 나는 고독하고 독존 한다는 것을 알 수 있다. 거룩한 척한 사람치고 오만하고 독주하고 독선 한다는 확률을 무시할 수 없다.

바울 선생은 문제성 있는 고린도교회의 교인들에게 밥을 먹이지 않고 젖으로 먹인다고 한 것은 감당하지 못할까 그렇게 했노라고 했다. 오늘날 신자들은 상당한 지식수준에 달하고 있다. 이제는 주입식으로 교회를 끌고 간다는 것은 역동작이 표출된다는 것을 알아야 한다. 묻는 말로 가하면 '예 하세요' 할 때 이구동성으로 크게 대답이 나오지 않을 때는 회장은 다시 반복해서 물어보아야 한다고 감히 제언해 본다. 예배위원들의 권위도 오늘날 문제시되고 있다.

예배는 하나님께 드리는 경배로 하나님의 권위를 인정하는 의미로 드리는 것이지 드리는 자의 권위를 의미하는 것은 바로 죄가 될 수 있다.

『크리스찬신문』 1996년 11월 2일

좋은 지도자

지도자를 구분하면 정치 지도자와 학문 지도자 그리고 신앙 지도자로 구분할 수 있겠다. 정치 지도자라고 하면 백성을 다스리는 지도자로 국민의 생명과 재산, 자유 그리고 인권을 보장하는 천부인권설을 근거로 기본권을 보호할 의무를 지고 있어야 한다. 그러기에 정치 지도자는 힘을 갖고 있어 질서를 장악하는 권한을 보유하고 있어야 하고 다만 정직과 친절이 수반되어야 한다.

그러기 위해서는 신뢰감이 있어야 하고 국민이 믿고 따를 수가 있고 편하게 살아갈 수 있어야 한다.

그리고 학문의 지도자가 있어서 부모의 위탁을 받고 인격과 학식을 넣어 주는 책임을 지고 전문성을 갖고 사회생활에 적응할 수 있도록 생활교육을 배양하는 지도자로 전문인을 지도 육성해야 한다.

마지막으로 신앙교육을 맡고 지도하는 교회에서 하나님의 진리를 가르치며 신앙과 인격을 도맡아서 구원에 이르도록 영성교육의 지도자라 할 수 있다. 본래의 자기가 타고 나온 개성과 인격이 신앙으로 다져져서 참 하나님의 사람답게 삼대 성왕으로 인정받듯 BC 1000년경 다윗왕과 BC 720년경의 히스기야왕과 BC 20년경의 인물로 요시야왕처럼 하나님 관계에서 신실하며 사생활에서도 본을 보였던 선한 정치를 했다. 백성을 편하게 해주었던 지도자처럼 양심이 있고 오직 하나님만 섬기었으며 우상숭배를 타파하고 욕심 없는 참지도자로 후세에 이르도록 그들의 업적을 칭송을 받고 있는 것처럼 오늘의 교회들이 입을 모아 찾고 있다.

친부모도 자식을 영적 지도하기가 어려운 영적교육 즉 신앙지도를 한다는 것은 참으로 어려운 일이라 하겠다. 감정과 의지와 사상을 지배하는 하나님의 마음을 넣어주는 책임이니 참으로 힘이 들고 지도자가 먼저 스스로 본을 보여주어야 하기에 아무나 선택하는 직업이 아닌 것을 알아야 한다.

옛 구약에서는 레위 지파에서만이 제사장을 택하시고 땅을 주지 않고 오직 말씀만 바로 전하고 바로 지도해야 했었다.

말로만이 아니고 몸소 행동으로 손수 본을 보여주며 말씀의 설교가 아니라 행위의 설교를 할 줄 알아야 한다는 것이다. 목사와 장로가 되기 전에 먼저 사람이 되어야 한다는 말을 수없이 들어 본 일이 있다. 그래서 교회의 지도자는 외롭고 고독해야 된다고 한다.

희생의 각오가 있어야 하고 우림과 둠밈을 양 가슴에 달고 한점 부끄러운 점 없는 예수님의 고난에 동참하는 각고의 아픔을 감내해야 한다고 주문하고 싶다. 수고의 대가를 수당과 호봉의 제도가 되어서는 안 되는 것이다.

목회자들에게는 봉급이 아니고 생활하는 데 불편이 없도록 자녀들의 교육비며, 부모님들 부양비며, 가족들의 병원비 등 궁색하지 않도록 교회에서는 충분한 책임을 져야 한다.

그리고 교역자들은 물질에 걱정이 없어야 하고 욕심을 버려야 좋은 지도자가 될 수 있다.

그렇게 하기 위해서는 미자립교회, 즉 농어촌 교회와 미자립 개척 교회의 목회자들의 생활비는 큰 교회에서 책임을 져야 하는 총회 차원에서 제도적으로, 중앙공급식으로 혁신적인 교회개혁이 필연적으로 서둘러 작업을 성취해야 한다고 필자는 힘주어 말하고 싶다.

그러나 목회자들의 지나친 낭비로 사치하는 최고급 차를 굴리고 세인들로부터의 비난을 못 들은 척하지 말아야 한다. 목회자들 모임에, 최고급 호텔이고 최고급 식사를 하고 있다고 여론이 빗발치고 있다.

도시교회의 자리를 채워주고 있는 교인은 초신자(원입 교인)를 전도로만 가능했다고 누가 자신 있게 말할 수 있다는 말인가. 교인의 기록부를 분석해 보면 농어촌 교회들의 출신이 과반수가 되고 있음을 알 수 있다.

농어촌 교회에서 기성교인 한 사람을 길러 내려면 그 목회자들의 낡아진 구두 그것도 바닥에 구멍이 나도록 십 리길 마다하지 않고 끼니를 걸러 가며 사역해야 한다. 십수 년 전 결혼식 때 얻어 입은 양복 단벌 신사복이 퇴색되다 못해 무릎이 달아진 채 튕겨 나온 바지 모습이며, 때 지난 와이셔츠에 때 묻은 넥타이 차림으로 낙심하고 출석하지 않은 성도를 심방하는 시골 교역자는 무슨 죄를 지은 양 혀가 달도록 애걸복걸 교회 좀 나와 달라고 한다. 목회자의 사정에 견디다 못해 교회에 나와주다 보니 그런대로 세례교인으로 가꾸어진 양이 직장이 잘되어서 그나마 대도시로 빠져나가는 것을 보고 닭 쫓다가 하늘을 우두커니 쳐다보는 촌 개의 모습에다 자신을 비교하는 상상을 해 본다는 말을 들은 적이 있다. 시골교회는 도시교회의 양성소요 훈련소가 되어 주고 있다고 하겠다.

시골 교회의 하나님은 촌 하나님이 따로 계시고 도시의 화려하고 우람한 교회의 하나님은 화려하고 우람한 하나님이 따로 계시는 것이 아니다.

하나님께서는 침묵을 지키고 계신다.

구약 때처럼 직접 혹은 예언자나 선지자들의 입을 빌려서 그때그때 상황에 따라서 하시고 싶은 말씀으로 경고하셨건만 지금은 성경 66권을 주셨고, 앞으로 남겨 두신 일은 심판만 남겨 두시고 계신다.

강단에서는 공동체 생활을 강조하면서 행동이 없다 사회주의를 들고나온 사람이 공생산, 공존, 공생, 평등을 주장하고 나섰던 사람이 막스 레닌이다.

목적과 색깔은 좋다고 할 수 있을지는 몰라도 거기에는 하나님을 빼어 놓았기 때문에 그들은 망하고 말았다.

하나님이 계시는 곳은 희생이 있고 사랑이 있다. 제도만 있고 사랑이 없으면 이천십년 전에 예루살렘 성전이 오늘의 통곡의 벽으로 전락하고 만 것처럼 또다시 답습할 수는 없다는 것을 감히 필자는 제언하고 싶다.

『장로신문』 1996년 11월 9일

4부

부흥하는 교회

부흥하는 교회

초대교회가 은혜가 있었고 사랑이 있었다는 것은 모이기에 힘썼고 성령이 충만했다. 아낌없이 헌금했기에 그 헌금으로 구제를 했으며, 물건을 자기의 것이라고 소유를 주장하지 아니하고 서로 통용했다고 되어 있다. 그런데 아무리 자기가 내어놓았지만 자기가 구제한 것이 아니고 교회 이름으로 구제를 했다고 되어있다. 교회라고 하는 말도 신약에 와서야 시작된 말로 마태복음 16장과 18장에 각각 한 번씩 두 번 나오고 본격적으로 사도행전에서 나오고 있으니 바로 초대교회 즉 마가의 다락방을 말하는 것으로 되어있다.

초대교회 당시에 은혜가 넘쳤지만, 당시에도 사도들의 시행착오로 교회에 문제가 있었다.

그 문제는 사도들과 가까운 사람들 즉 핵심 멤버인 히브리 사람들을 상대로만 하는 구제 활동을 보고 외부 사람 즉 헬라 사람들에게는 가난해도 구제를 하지 않느냐고 사도들에게 문제를 제기했다.

당시의 재정을 관리하던 사도들이 그 지적에 대한 잘못을 즉시 받아들이지 않았다고 하면 초대교회도 산산이 흩어지고 말썽난 교회로 전락하고 말았을 것이다. 그러나 사도들이 정신을 차리고 당신들의 말이 옳다. 우리는 말씀만 강론하겠으니 너희 중에 믿음이 신실한 사람 일곱 사람을 택하라고 해서 헬라 사람 스데반을 비롯해서 집사 일곱을 투표로 집사회가 비로소 시작됐다. 헌금관리를 집사들에게 맡기니 문제가 쉽게 잘 풀렸기에 오늘날 교회마다 문제에 봉착할 때마다 입버릇처럼 초대교회로 돌아가야 한다고 목청을 높이고 있다.

오늘날 교회마다 문제가 없을 수가 없다. 왜냐하면, 사람들이 하는 일에 완벽할 수는 없고 모든 일이 성서적일 수만은 없는 것이기 때문이다. 그런데 문제를 문제로 풀려 들기 때문에 더 큰 문제로 남는 귀납적인 원리라고 본다.

교회의 문제는 성서적이고 신앙적이 아니고 정치적으로 해결하자는데 문제가 있다. 직분의 고하를 막론하고 지적을 당하면 모름지기 즉시 시인을 할 줄 알고 그 사건을 공회에 부하해서 공통점을 찾을 때 이른바 그것이 초대교회적 방법이라고 하겠다.

너는 우렁찬 하나님의 음성을 가지고 있다는 말이냐? 너는 나와 같은 강한 팔을 가지고 있단 말이냐고 호되게 책망을 들은 욥이 고백하기를 귀로만 듣던 주님을 눈으로 보나이다 하듯이 자기를 꺾고 자기를 포기해야 한다. 자기를 죽이는 일 아니고는 자기 법이 오직 참 신앙적이고 자기의 법만이 하나님의 뜻이라고 하면 상처 입은 성도가 등을 돌리고 지쳐버린 성도가 뜻을 같이한 사람들끼리 길

건너편에 교회 간판을 내걸고 소위 교회를 개척했다고 하는 것이다.

교회를 갈라서는 것이 교회를 개척했다는 말은 어불성설이다. 교회는 순수한 정신으로 단독으로 세운 것을 교회 개척이라고 하겠으니 참으로 착각 중병에 걸려 있는 것 같다.

교회가 부흥한다는 것은 교회가 조용하고 문제가 발생하지 않고 헌금을 쓰일 곳에 잘 쓰는 교회가 오늘날 교회가 부흥한다고 보겠다. 성가대가 찬양을 잘하고 장로가 기도를 잘하고 목사가 설교를 잘만 한다고 교회가 부흥하는 것으로만 볼 수가 없다.

물론 그러한 기본적인 것들도 필수적이라고 하겠지만 일단은 교회가 문제가 발생하지 않는 교회가 되어야 하고 혹 문제가 발생 되는 경우라고 해도 문제의 발생자가 즉시 죽어줄 때 가능한 것이고 교회가 따뜻하고 베푸는 것을 많이 하는 소문이 나갈 때 교회는 스스로 부흥한다고 정의를 내려도 과언은 아니라고 보겠다.

예루살렘 교회가 핍박을 받게 되니 이방 나라 안디옥으로 피난을 하고 교회를 세우고 모이기를 힘쓰고 소문이 잘났기에 비로소 그리스도인의 교회라고 인정을 받은 사실이 증명해 주고 있다.

내 교회라고 하는 정신이 아닌 주님의 교회라고 생각할 때 서로가 겸손하게 된다. 또 내가 이르노니 너는 베드로라 내가 이 반석 위에 내 교회를 세우리니 음부의 권세가 이기지 못하리라(마16:8) 하신 말씀은 교회란 성경상 최초로 쓰인 말씀으로 내 교회를 세우신다고 하신 말씀은 곧 교회의 주인 즉 소유자는 주님이시라고 선언하셨음을 다 함께 고백하고 아멘 했으면 한다.

하늘과 모든 하늘의 하늘과 땅과 그 위의 만물은 본래 네 하나님 여호와께 속된 것이되(신 10:14) 내가 너의 사사들을 처음과 같이 너희 모사들을 본래와 같이 회복할 것이라. 그리한 후에야 네가 의의 성읍이라 신실한 고을이라 칭함이 되리라 하셨나니(사 1:26).

『장로신문』 1997년 2월 8일

중학 시절의 신앙생활

중학 2학년 때이다.

역사 시간에 '그리스도'라고 되어 있는 목록이 나와서 나는 큰 기대를 갖고 그리스도의 생애에 대한 선생님의 말씀을 듣게 되었다.

선생님은 그리스도는 유대 사람으로 태어나서 유대 사람들에게 미움을 받고 십자가에 못 박혀 죽고 말았다고 간단한 한마디로 설명을 마치고 다음 장으로 책을 넘기라고 했다. 나는 너무도 실망이 되었다.

그리고 그리스도께서 값없이 죽었다고 하는 것은 예수님께 모욕이 된다는 생각이 들어서 "선생님! 저 질문이 있습니다"하고 손을 번쩍 들었다. "그래 질문이 무엇이냐?" 하시기에 "그리스도께서 왜 미움을 받았는지 그 이유를 자세히 설명해 주세요"하고 질문했다. 선생님께서 갑자기 화를 내시면서 "너 예수 믿지?"하고 물으셨다. 그래서 나는 "그렇습니다"라고 대답했다.

선생님은 "너는 그리스도를 잘 알고 있으면서 선생님의 실력을 시험하려고 질문했지?" 하고서 시간 끝날 때까지 뒷자리에서 손을 들고 서 있으라고 하셨다.

나는 거역할 수 없어서 학급 반장으로서의 체면에도 불구하고 꼴이 말이 아닌 채 벌을 받았다.

그 후 며칠이 지난 후 나는 학도호국단 담당 선생님께 찾아가서 우리 학교에 기독학생회를 조직하고 기독 학생 활동을 할 수 있도록 허락해 달라고 간청했다. 선생님께서는 교우회를 가진 후 결과를 알려주겠다고 아는 대답을 받아냈다.

어느 날 운동장 조회 시간에 교장 선생님의 훈화가 끝난 후 학도호국단 담당 선생님께서 단에 오르시더니 오늘부터 우리 학교에 기독학생회를 조직하는 것을 허락하기로 교무회의에서 결정했다, 하면서 기독학생회장을 임명하겠으니 지금 부르는 학생은 앞으로 나오라고 말씀하셨다.

"2학년 2반 고대곤!" 하고 나를 부르셨다. 나는 반장으로 맨 앞에 서 있다가 나의 이름을 부르는 순간 하늘 위로 올라가는 기쁜 마음을 억제할 수 없었다. 나는 2학년으로 기독학생회장 임명장을 받은 것은 당시에 3학년은 2학기 말이 되어서 졸업이 얼마 남지 않았기 때문에 2학년인 내가 회장으로 임명받게 된 듯했다.

그 후 나는 전교생 상대로 기독학생 명단을 작성하고 매주 수요일 점심시간을 이용해서 학교 뒷산 잔디밭에서 전교 기독학생이 모여서 예배를 드리고 전도하는 학생이 되자고 수시로 회의도 많이 했다. 중학 시절의 신앙생활은 영원히 잊을 수 없는 나의 소중한 추억으로 자리잡고 있다.

주는 교회가 부흥한다

오늘날 주는 교회는 잘 부흥이 된다고 한다.

주지 않는 교회는 성장도가 늦어진다. 교회가 인색하면 부흥도 인색하다. 오늘날 교회가 지탄의 대상이 되고 있는 이유는 주지 않고 있기 때문이다.

여호와는 주라 하셨기에 세인들은 주지 않는다고 비난하고 나섰다. 전도는 열심히 하려 들면서 주지 않고 사랑하는 척한다는 교회 교인들을 보고 질타하고 있다.

그러므로 나는 저희가 복음의 진리를 따라 바로 행하지 아니함을 보고 모든 자 앞에서 게바에게 이르되 네가 유대인으로서 이방인을 좇고 유대인답게 살지 아니하면서 어찌하여 억지로 이방인을 유대인답게 살게 하려 하느냐 하였노라(갈 2:14) 하셨으니. 사랑의 낱말을 소개하는 것으로 할 일을 다 했다는 듯이 소리만 내는 교회가 되어서는 안 된다는 평가를 받고 있다.

주어도 소리를 내서 안 된다. 신앙은 소리가 없는 법이다.

'여호수아가 백성들의 요란한 소리를 듣고 모세에게 말하되 진중에서 싸우는 소리가 나나이다. 모세가 이로되 이는 승전가도 아니요 패하여 부르짖는 소리도 아니라 나의 듣기에는 노래하는 소리로다 하고 전에 가까이 이르러 송아지와 그 춤추는 것을 보고 대노하여 손에서 그 판들을 산 아래로 던져 깨뜨리니라'(출 32:17~19)

그 내용인즉 제사장 아론이 금송아지를 만들고 그를 섬기는 소리가 났으니 여호와를 배반하고 굶주리고 지친 백성의 우매한 죄를 짓는 소리가 났다는 것을 알아야 한다. 주라고 그리고 사랑하라고 하는 소리로 소리 나지 않게 주어야 한다.

하나님은 침묵하고 계신다. 하실 말씀을 다 말씀하셨고 행하는지 그렇지 않은지 보고만 계시고 심판의 준비만 하고 계신다.

주 예수의 친히 말씀하신 바 주는 것이 받는 것보다 복이 있다 하심을 기억하여야 할지니라(행 20:35) 하셨다. 주는 자를 사랑하시고 주는 자에게 복 주시는 분이시다.

오늘날 문제 있는 교회, 독선, 독주, 독재하는 교회 사치하고 주지 않는 교회에서 주는 교회를 찾고 있다. 소리 나지 않는 교회를 찾고 있다. 하나님이 침묵하고 계시니 우리도 침묵해야 한다. 이러한 교회가 교회의 개혁이다.

교회개혁은 힘의 대결이 아니고 몰아내고 치리하는 것이 교회개혁이 아니다. 방법이 신식이냐 구식이냐가 아니다. 초대교회로 되돌려 놓는 것이 이른바 교회의 개혁이다. 주는 초대교회 유무 상통하는 교회 모이기를 힘쓰는 교회가 되어야 한다.

『목회자신문』 2001년 1월 20일

다윗과 요나단의 우정

'다윗'은 사랑함이란 뜻을 가진 자로 아브라함의 14대손 유다지파 '이새'의 여덟 번째의 소생이며, '요나단'은 '여호와께서 주심'의 뜻을 지닌 자로 이스라엘의 초대왕 '사울'의 장자로 두 사람이 맺어진 관계를 생각한다. 다윗은 서민이었고 농촌의 소박한 더벅머리의 목동이었다. 성질이 순진한 양을 치는 직업의 영향을 받은 것처럼 악하지 않았으리라 생각된다.

'요나단'은 왕자로 태어나 누구에게도 자신을 굴하지 않아도 우러러 보일 수가 있었다. 그러나 그는 그러한 태도가 전혀 없었다. 그는 궁전에서 편히 먹고 편히 쉴 수도 있었다. 그러나 '블레셋'과의 전쟁터에 나가서 부왕을 도왔고 민족을 위해 싸웠다. 친구 '다윗'을 죽이려는 부왕 '사울'을 만류하고 설득시켰다. 죄 없는 친구 '다윗' 전쟁터에서 죽음을 무릅쓰고 싸워 승승장구하는 명장 '다윗'은 전과를 올리고 민족을 위해서 공을 세우는 전우 '다윗'을 '요나단'은 무척 사랑했다. 의리 있는 사나이다. 사람이 출세하려면 아부하고 간교해야 한다고 한다.

그러나 '요나단'은 왕자로서 가만히 있기만 해도 왕위를 이어받을 수가 있었다. 부왕 '사울'도 차기 왕으로 '요나단'을 의식했기 때문이다. 그러나 '요나단'은 마음을 비운 사람이었다. 자신보다 친구 '다윗'이 모든 면에서 월등하게 뛰어난 것을 인정한 신앙 양심을 가진 사람이었고 왕관을 연연하지 않았으며 의리와 공정과 진실을 겸비한 청년이었다.

사람이 신앙과 양심을 버리면 빈 껍질이라 할 것이다. 오늘날 정가에서 대권을 노리는 사람들도 나름대로 신앙을 가진 것처럼 공공연하게 신앙인임을 노출시키고 있다. 내가 너보다 낫다고 하는 데서 순리를 짓밟고 의리를 헌신짝처럼 저버리고 국민의 뜻을 외면하면서 국민을 악용하려는 요즘의 정치인들을 보면 '요나단'의 결단과 정직성을 배우라고 하고 싶다. 죄 없는 '다윗' 공을 세운 '다윗' 뛰어난 '다윗'을 죽이려는 부친의 행위는 너무도 정당하지 못하다는 것이다.

친구를 죽음의 위험에서 지혜롭게 구해준 것은 가면도 아니고 가식도 아닌 순수한 순리이며 순수한 신앙의 본질이라 하겠다. 하나님의 뜻은 '다윗'을 이미 왕으로 예정하시고 사울에게 지시하셨다. '사울'도 전쟁에서 죽고 '요나단'도 블레셋과 싸우다가 마침내 전사하고 말았다. '다윗'은 이스라엘 2대왕으로 군림 하자 '사울'의 손자이며 '요나단'의 아들 '므비보셋'을 행여 '다윗'왕이 사울과의 감정으로 해칠 것으로 생각하고 5살의 '므비보셋'을 유모의 등에 업혀 피난하다가 넘어져 두 다리가 부러지는 절름발이 신세가 된 것을 '다윗'은

뒤늦게 알게 되어 도리어 '요나단'의 의리를 생각해서 '므비보셋'을 '다윗'의 궁전에 초대하고 같이 먹고 같이 살게 하니 '므비보셋'은 감격해서 '왕께서 죽은 개 같은 나를 돌아보시나이까?'(삼하 9:8)라고 고백했으니 참으로 멋진 장면이었다.

　사람에게는 의리를 갚는 자가 되고 하나님께는 은혜에 감사하는 자 되어서 '요나단'과 같이 마음을 비우는 사람으로 순리에 살고 '다윗'과 같이 의리를 갚는 사람이 되자.

『장로신문』 1991년 3월 2일

박사의 신앙에 이기는 무식자의 신앙

　신학은 제도이고 전문성이다. 그래서 신학박사는 있어도 신앙박사의 제도는 없다. 신학을 여러 곳 많이 다녔다고 신앙과의 정비(正比)한다는 보장은 없다. 신학의 수준은 수치로 표현될 수 있다고 본다면 신앙은 수치로 수준을 표현할 수 없다.
　아버지가 신앙을 자식에게 물려줄 수는 있을지언정 자식보다 아버지가 신앙이 더 좋다고만 볼 수 없는 것이다. 다만 신앙의 가풍을 이어주는 것이기에 아버지는 자식에게 대한 축복자가 될 수 있다. 그래서 아버지는 자식에 대해서 대단한 것이다. 눈이 없어서 성경을 읽을 수는 없어도 신앙은 원할 수는 있다. 교단 헌법이나 기관정관이나 회칙은 더욱 비성경적일 수가 있다. 성경의 위반은 사람의 눈에 보이지 않아서 묻힐 수는 있어도 헌법이나 정관이나 회칙을 위반하는 것은 쉽게 사람의 눈에 띈다. 그래서 법으로 다스리는 치리회가 있어서 조사대상이 되고 책벌하는 경향을 볼 수 있다. 신앙을 위반한 것은 하나님만 알고 계시지만 하나님께서는 침묵하고 계시니 사람을 속일 수가 있다. 헌법을 위반한 자보다 오히려 당당하게 활개치며 살아가고 있다.

헌법을 어기고 회칙을 어겼다고 지옥 가는 것이 아니고 성경을 위반하면 지옥을 간다. 필자의 자식도 두 명이 신학을 했다. 큰아들은 신대원을 졸업하고 목사 후보생으로 준비 중에 있고 신학을 하는 것도 본인이 결정했지 부모의 의도는 아니었다. 막내 여식도 신학을 했지만, 부모의 의도였는데 목회하라고 하는 것이 아니고 교회에서 교사로 혹은 재직으로 구역 책임자로 봉사할지라도 도움이 될 것을 생각하고 신학교를 보낸 일이 있다.

신학을 했으니 신학 하기 전보다 신앙이 성장했다는 평점을 줄 수 있는 상황은 아닌 것을 볼 수 있다. 신학은 타의에 의해서 할 수 있지만 신앙은 타의에 의해서 성장하는 것이 아니고 본인 스스로의 연륜과 체험과 연단의 과정 속에서 신앙은 자란다고 보겠다. 신앙은 가변적이고 가시적이지 제도로나 억지로 타의에 의해 자기를 성장한다는 보장이 없으니 신앙은 자기를 발견하고 성경에 투영하는 철저한 자기 비판 하에 영성의 훈련으로 신앙이 자란다고 할 수 있겠다.

므비보셋은 자신을 죽은 개로 비유했고, 욥이 '귀로만 듣던 주님을 눈으로 보나이다'라고 고백했으며, 바울은 만삭되지 못한 채 난 자라고 자기를 비판했다. 그래서 신앙은 자기 환경 그리고 성찰, 역경 속에서 하나님과의 관계가 깊은 경지에 들어가는 것이라고 본다. 그러기에 신앙은 제도나 억압이나 타의에서가 아니고 자기의 생활 속에서 자라나고 있다 하겠다. 그렇다고 볼 때 신학박사의 신앙보다 무식한 자의 신앙이 더 좋을 수도 있다. 나는 인애를 원하고 제사를 원치 아니하며 번제보다 하나님의 아는 것을 원하노라(호6:6)

『기독교연합신문』 1994년 9월 11일

회의는 객관적으로 정당하게

60년 전부터 부단히 계속되던 여성안수의 작업이 금년 총회에서도 무산되고 말았다. 성경을 근거로 들고 말하는 것도 이미 진부한 이야기로 치부된다.

76회 총회에서 부결된 책임은 전적으로 총회 참석자들에 있다고 보아야 한다. 그 이유를 근거 잡아 밝히고자 한다. 일각에서 기독교인의 3분의 2를 여성이 점유한다는 것과 시대적으로 남녀동등권이 부여되어야 한다고 하는 데는 충분한 설득력과 명분이 있다 하겠다. 금년에 16노회와 여전도회 지도위원회에서 헌의한 여성안수 허락 청원 중 목포노회에서 조건을 걸고 임원회와 정치부를 거쳐 여성안수 문제가 표결이 부쳐졌다.

그 조건은 부부 모두 장로가 되었을 때는 두 사람 모두 당회에 참석할 수 없다는 것이다. 또 통과되지도 않은 상황에서 여성 목사는 담임목사(당회장)를 할 수 없고 부목사로만 교회에 부임할 수 있어야 한다는 안이 일부 총대들 사이에서 거론되기도 했다. 그렇다면 과연 이러한 조건들이 서두에 교인의 3분의 2가 여성들이라는 것과 남녀평등권을 부여해야 한다는 명분에 비할 때 객관적으로 설득력이 없고 비록 여성안수가 통과되더라도 그런 조건 하에서라면 교회 여성들은 인격적으로 모멸감을 느낄 것임에 틀림없다.

교회적으로 일꾼이 필요해서 일꾼을 택했다면 누구나 공히 일할 수 있도록 일감을 주어서 충성하라고 했음에도 부부 중 한 사람만 당회에 참석해야 한다는 조건과 그것도 모자라 여성안수까지도 아예 부결해버린 회의법은 한국뿐 아니라 세계적으로도 볼 수 없는 회의법이 아닌가 한다. 여교역자들이 단독목회하는 교회는 거의 미자립교회인 것이 오늘의 현실이다. 이 또한 여성들의 희생과 봉사의 측면이라 아니할 수 없다. 독소조항을 내걸고 여성안수를 헌의 하고 위와 같은 중대사안 찬반 토론 없이 무기명 투표결과 부로 결정시켜 버렸다. 독소조항의 반박이나 일말의 의견제시도 무시한 채 너무 오래된 사안이라 토론이 오히려 복잡하게 할 수 있다는 생각으로 처리한 일은 도저히 납득하기가 어렵다.

회의라는 것은 객관적으로 정당하고 형평에 맞아야 하며 공감대를 이루는 평가를 얻어내는 것이 바람직한 회의로 회의 고유의 뜻을 달성하는 것이라 보겠다. 총대 1천5백 명은 여성안수거부 즉 평등권을 무시함으로 본인들의 인격도 실종시키고 말 못 한 총대들은 당하는 것으로 76회 교단총회는 끝났다. 더불어 60년간 여성들이 쌓아 올린 기도와 염원도 실종 당했다.

한 가지 더, 말도 안 되는 3년간 헌의 제한은 차기 총대들의 언권까지 묶고 무시한 것이다.

『여전도회보』 1991년 11월 1일

사랑이란 낱말 풀이

　구약을 보면 일방적인 하나님의 계약으로 사람의 의사와 절충한 일 없이 법을 선포만 하셨다. 너무도 당연한 일이다. 사람도 땅도 하늘도 임의대로 창조하셨기에 통찰하시려는 하나님이시기에 그렇다고 믿고 순종하는 것이 믿음이라고 본다. 그 말씀(법)대로 살면 모든 복을 주신다고 조건을 걸으셨다. 그러나 사람들은 그 법을 지켜 행하기가 힘이 들고 보니 법을 어기고 편리한 대로 살았다. 하나님께서 그럴 때마다 동산에서 쫓겨내고 홍수와 유황불로 징계하셨다. 그 대표적으로 소돔과 고모라를 말할 수 있다.

　소돔 멸망의 예를 들자면 죄악이 심히 중하니 하나님께 서는 천사 둘을 보내어 아브라함과 홍정의 대상에 두시기도 하셨다. 하나님의 사랑은 일방적인 것을 바꾸어 몇 사람의 의인이 섞여 산다기에 아끼시려는 뜻을 보여주신 것을 볼 수 있겠다. 드디어 의인 10명이 없어서 불바다로 만들어 약속의 계시대로 행사하시고 소돔 땅은 사해의 일부분으로 빠져들어 쓸모없는 저주 받은 땅이 되고 말았다.

이는 이로 눈은 눈으로 갚으라 하시는 철저한 법으로만 하시다가 조금은 달리시고 선지자나 예언자들을 보내시고 회개하라 경고하시었다. 그래도 듣지 않는 민족의 지도자도 신앙의 지도자들도 앗수르에, 바벨론에 끌려가는 노예가 되는 신세를 면할 수 없었다.

　하나님께서는 백성을 버릴 수 없어서 사랑의 예수를 화해의 왕으로 사람들 속에 보내셨다. 하나님은 용서와 사랑을 선포하셨다. 오래 참으사 주께는 하루가 천년 같고 천년이 하루 같은 이 한 가지를 잊지 말라(벧후 3:8) 하셨다. 나를 사랑하는 사람을 사랑하기도 어려울진대 하물며 나를 저주하는 원수를 어떻게 사랑한단 말인가? 나를 초월하고 세상을 초월하지 않고서는 결코 불가능한 것이다.

　오늘의 교회는 사랑하라는 사람들로 꽉 차 있다. 교회 벽이 터질 만큼 사랑하는 소리로 포화상태이다. '겸손'하라는 사람들로 교회 창문이 터져 나갈 것 같이 겸손 하라는 소리로 가슴이 터질 것 같다. 그러나 진정 사랑하는 사람도 겸손한 사람은 하나도 없다. 예수님께서 오늘의 교회를 내려다보시고 과연 어떻게 생각을 하고 계실까? 누구로부터 정답을 얻어 낼 것인가? 그래서 항간에 말세론이 세상을 뒤흔들어 대고 무지한 자들을 공포에 몰아 놓고 있다.

　오늘의 부흥 강사들은 한결같이 나한테 잘하고 나한테 좋은 것을 주면 물질의 복을 받는다고 한다. 여리고성에서 강도 만난 사람의 비유를 들면서 부흥강사는 어려운 사람을 보면 그냥 스쳐 가지 말라고 호되게 질책한다. 당시에 그냥 외면하고 스쳐 간 사람은 누구인가? 모두가 지도자들이다. 모 강사는 성도들이 수백 벌의 옷을 사주어서 입고 있다고 하면서 옷을 준 사람들을 위해서 이름을 불러 대며 새벽마다 기도해 준다고 하는 것이다. 믿으면 아멘 하라고 억지로 아멘을 받아낸다. 어떻게 매일같이 새벽마다 그들의 아픔을 낱낱이 불러서 기도해 준다는 말인가? 망발이라고 생각된다.

거짓 맹세하는 것은 죄가 된다고 하셨다. 예수님께서 베드로에게 세 번이나 나를 사랑하느냐고 물으실 때 베드로는 당황한 마음으로 내가 주님을 사랑하는 것을 주님께서 아신다고 고백했을 때 내 양을 먹이라(사랑하라) 하셨다. 예수 믿는 궁극적인 목적은 구원(영생)에 있는 것이건만 돈 부자 되고 병 낫는 것만을 가르친다면 시장으로 보내고 병원만 지어야 할 것이다.

자기의 감정을 푸는 곳이 교회가 아니고 모든 이의 감정을 풀어 주는 곳이 교회이다. 세상의 모든 상처를 싸매 주는 것이 교회이다. 이러한 생각을 교인의 대다수가 이러한 인식을 같이하고 있으나, 이러한 말을 감히 하지 못하는 교회 특수성 곧 타성에 젖어 말하지 않고 있다. 교인의 80% 이상이 이러한 공감대를 이루고 있다는 것을 지도자들은 지금부터라도 알아야 할 것 같다. 이러한 진의를 듣지 못하는 지도자는 고독한 지도자라 하겠다.

미워하지 않고 저주 없는 권면은 곧 '사랑'이다. 나는 권면하면서도 나는 권면을 받지 않는 것은 위선이고 독선이다. 사람들의 횡적 관계 곧 사랑과 권면이 있는 교회는 은혜가 있고 하나님께서 기뻐하시라 믿는다.

『한국교회신문』 1991년 4월 7일

제복은 예배복이다

구약에는 철저하게 제법이 있어 여호와께 예물이 아닌 제물을 드렸다.

제사의 순서를 맡아보는 집제자를 제사장이라 했고 레위지파 중에서 세우고 거룩한 옷을 입혔다고 했는데 사람의 권위를 높이고자 함이 아닌 주께 제사의 영광을 드리고자 함이니 제사의 목적에 거룩한 제복이 입혀졌던 것이다.

오늘날 통칭 가운이라 불리는데 목사 외에 예배위원들이 착용한다. 필자의 어린시절 기억으로 목사님들이 예복을 밖에서 입지 않고 성단 뒷자리에서 꺼내어 조용히 앉은 채 강대상에서 아무도 보이지 않는 곳에서 입으시고 예배 시작하는 순간부터 제복 보이는 것을 보았다. 그리고 예배를 마치고 그 자리에 앉아서 제복을 벗고 하단하는 것을 보았다. 무슨 의미인가는 지금도 잘 알 수 없지만 거룩한 옷은 거룩한 제단에서만 입는다는 의미를 부여함직하다.

모양을 부리거나 사람의 권위를 위하는 것이 아니라고 생각한다.

대표 기도자가 말씀을 전하는 종에게 성령의 두루마기를 입혀주시라는 의미로 생각된다. 그런데 오늘날 모 교회 목사님은 목사 가운이 아닌 박사 가운을 입고 집례한다고 하니 어찌 된 일인지 모르겠다. 박사학위와 예배와는 아무런 연관이 없는데. 그 밑에서는 '아멘' 하고 철부지 교인들은 화답함도 생각해 볼 문제이다.

지난 일을 예로 하나 들어본다. 노태우 전 대통령 대선후보 당시 각계각층에서 대통령 직선제를 부르짖을 때 거리, 학원, 사회단체, 종교단체에서 극한 투쟁이 총동원되었다. 구교에서 앞장서서 생명을 내걸고 투쟁하는 신부들의 함성을 보고만 있을 수 없다는 듯이 개신교에서도 뒤늦게나마 서울 새문안교회에서 전국 목회자들의 집회를 마치고 목사 가운을 일제히 착용 후 몇백 명이 거리에 쏟아져 나왔다. 직선제를 외치며 광화문 쪽으로 진로를 정하는 행렬에 기다린 경찰대들이 수류탄을 목사 행렬에 수류탄을 쏘아댔던 처사에 대해 즉각 사죄할 것이며 책임자를 처벌하라고 했던 일이 있었다. 필자뿐 아닌 한국교회 의식있는 사람이라면 목회자들의 당시의 처세가 성경적으로 의당하다고 볼 수 있을까 하는 생각을 해본다. 하나님 앞에 입고 나아가야 할 거룩한 옷을 입고 데모의 방패복으로 삼아 거리에 나가야 하는 것인지 뒤늦게라도 깊이 성찰해야 할 것이다.

성소에서 섬기기 위한 정교하게 만든 옷 곧 제사 직분을 행할 때에 입는 제사장 아론의 거룩한 옷과 그 아들들의 옷이라(출 35:19, 출 39:41)

거룩한 것을 개에게 주지 말며 너희 진주를 돼지 앞에 던지지 말

라 그것을 발로 밟고 돌이켜 너희를 찢어 상할까 염려하라(마 7:6)

『기독교연합신문』 1994년 11월 13일

큰 교회와 작은 교회

오늘날 큰 교회들의 구성원을 알아보면 원입교인으로의 분포율이 불과 얼마 되지 못하고 거의 시골 농어촌 교회 출신 아니면 약한 교회에서 몰려들고 있는 양상을 볼 수 있다.

대도시에 소재하고 있는 교회들은 그 연혁이 얼마 되지 못하지만 모이는 교회는 기성 교인들로 주종을 이루고 있다. 그들의 모 교회를 물어보면 대다수가 농어촌 출신으로 그들은 소박한 부모님의 모태신앙을 순수하고 때 묻지 않은 신앙으로 자라서 지금은 대도시 대교회 수만 명이 모이는 교회로 몰려들고 있다. 그들은 땅을 버리고 버린 흙을 노부모에게 맡기고 도시 생활로 전환하는 양태를 볼 수 있으니 농촌에는 일손이 없어서 땅을 흙을 묶여 잡초로 뒤덮인 것을 볼 수 있다.

그런가 하면 도시 재벌들이 돈뭉치를 들고 와서 땅을 투기하고 있다. 성서적으로 땅은 분배를 했지 사고 판 사실이 없다. 다만 아브라함이 자기 아내의 묘지로 쓰기 위해서 헷족속(헤브론의 거민 혹은 히위족속)으로부터 막벨라굴을 은 400세겔을 주고 산 일 외에는 땅을 팔고 사는 일이 없었다. 요셉 자손이 여호수아에게 말하기를 우리는 큰 민족이 되었으니 한 분깃으로는 좁으니 다른 땅을 더 요구했을 때 여호수아는 네가 큰 민족이 되었으니 에브라임 산지가 네게 너무 좁을진대 브리스 사람과 르바임 사람의 땅 산림에 올라가서 스스로 개척하라(수 17:14~15)고 하신 말씀을 생각할 때 하나님의 뜻은 땅을 투기하는 것이 금지사항으로 보아야겠다.

　오늘날 비성서적인 소용돌이 속에서 교인들은 산산이 흩어지고 고향을 버리고 본교회를 버리고 부모를 버리고 대도시 대교회로 앞을 다투어가며 몰려들고 있다. 그리고 그들은 소득의 십일조 헌금을 본 농어촌 교회로 보내면 도시교회에서는 싫어한다는 사례들을 들어 볼 수 있다.

　농어촌 교회는 도시교회를 위해서 교인 양성소가 되고 있는 것을 알아야 하고 도시교회들은 농어촌교회들이 열약하고 폐쇄 직전에 놓여 있는 교회들을 책임지고 적어도 교역자들의 생활비를 전담하는 일을 맡아 해야 한다. 교역자들의 사명감이 없어서가 아니라 농어촌교회를 기피하는 것을 탓할 것이 아니라 본인들의 먹고사는 것은 차치하더라도 노부모를 부양하는 일이며, 자녀들의 교육문제들을 무시할 수 없는 처지를 같이 생각했으면 한다.

　시골 노약자 교인은 낮에는 들로 나가서 일을 해야 하기 때문에 목회자들은 심방 할 가정이 없다. 밤에는 낮에 일해서 피곤하니 심방을 받을 처지가 되지 못하고 일찍 잠자리에 들어야 이른 새벽에 또 들로 나가는 형편인 것을 볼 수 있다.

옛날 선교사들이 한국을 처음 찾을 때 어촌을 찾았고, 농촌을 찾았다. 그리고 소박하고 순진하고 가난한 농어민을 먼저 찾아 선교활동을 폈다. 한국 농어촌이 한국 교회 교인 신앙의 텃밭이 되었다. 한국 농어촌교회 교역자들은 할 일들을 잃고 배가 고프고 외롭고 고독한 꼴로 전락하고 있다. 그 책임은 떠난 교인들에게 돌리지 말고 큰 교회들의 몫인 것을 통감해야 한다. "이런 것은 먹고 마시는 것과 여러 가지 씻는 것과 함께 육체의 예법만 되어 개혁할 때까지 맡겨둔 것이니라"(히 9:10)

『목회자신문』 1999년 1월 23일

고향 교회

　유대국에서는 명절이 돌아오면 고향으로 성막으로 돌아간다. 그리고 축제도 열고 제사하고 즐긴다.
　헤어진 친지며 가족들이 모여서 절기 예배도 드리고 가족들은 제만큼 준비한 음식을 나누고 즐기고 크게는 국가를 위해서 할 일들을 찾아서 번 돈을 헌금한다고 한다. 타지에서나 타국에서 활동하고 벌어진 돈을 본교회에나 국가를 위해서 아낌없이 내어놓는다고 한다는 것이다.
　한국에서는 생활 따라서 객지에서 살다가 명절을 맞이하면 고향에 부모님이 몸담고 봉사하시고 또한 본인들도 어릴 때부터 잔뼈가 굵으며 정들었던 모교회를 찾아서 부모 형제를 만나는 것이다. 그간 객지 교회에서 열심히 봉사하다가 모처럼 어렵게 시골교회에서 고생하시는 목사님을 찾아 적은 것이나마 정성 어린 선물을 전하는 것도 아름다운 일이라고 할 수 있겠다. 그런데 객지교회에서는 명절에도 섬기는 교회에서 주일 성수 하는 것이 좋다고 고향 교회에 가는 것을 몹시 못마땅하게 생각한다고 하는 말을 들은 적이 있다.

성수 주일의 의미를 어떻게 해석하는지 알 수가 없다. 어려워진 시골 모교회에다가 십일조를 하는 것은 비신앙인인 것처럼 말한다고 하니 반성하고 기도할 일이라고 본다.

도시교회는 부자가 되어서 사치하는 것은 신앙이고 어려운 교회 그것도 모교회에다 헌금하는 것은 비신앙이라고 한다면 신앙의 기준은 어디다 두어야 한단 말인가.

열악한 농어촌교회에서는 명절에 객지에 나가 있는 성도들의 방문을 학수고대하고 있다. 잊힌 얼굴들이, 변한 얼굴로 만나는 기쁨 그리고 요행히도 명절 기간에 주일이 끼어있을 때는 감사하는 헌금이 그런대로 모아진 것으로 밀린 목회자의 사례금을 해결하는 데 큰 힘이 되곤 한다는 것이다.

객지 대교회에서 빛을 잃고 한쪽에서 묻혀 지내다가 정든 교우들이 준비도 없이 특별찬양하는 것도 고향 친정교회를 찾는 의미는 적지 않은 큰 몫이라고 생각하고 있는 것을 어찌 도회지 교회에서는 못마땅하다고 하는 것인지 오히려 못마땅한 일이 아닐 수 없다.

또 하나 문제로 생각할 수 있는 것은 부모자식 간에 고작 1년에 잘하면 명절 두 번이나 만난다. 늙어진 몸으로 자식들이 오면 손톱 발톱 다 닳도록 농사를 지은 콩이며 팥이며, 앞마당 끝에 감나무 밤나무 한두 그루에서 얻어진 열매를 먹지 않고 소중하게 간직해 두었다가 서울 자식 올 때까지 아껴두었던 것들을 올망졸망 싸주고 싶은 노부모님들이다. 딸 몫, 아들, 손주 고루고루 나누어 주고 싶은 마음을 알고 있는 자식들은 만나고 싶고, 가고 싶은 고향길이 차라리 효도하는 것이다. 고향 그리고 부모, 그리고 모교회를 찾는 것을 이해하지 못한다면 참으로 철저하게 착각을 하고 있다고 뒤늦게라도 알았으면 한다.

잘하면 이틀 사흘 머물다가 다시 대도시 대교회로 직장으로 또 머슴살이로 떠나가고 만다. 농어촌교회는 대도시 대교회의 교인양성소가 되어 주고 있으니, 도시교회들은 농어촌교회들에 대해 큰 빚을 지고 있다고 보겠으니 열악해진 농어촌교회의 살림살이를 맡아 감당할 줄 알아야 한다. 학교도 책임을 지고 건축도 해주고 교역자의 생활비도 책임을 져야 한다. 도시에서는 불경기라 할지라도 교회에는 불경기가 없다.

갚는 교회, 주고 베푸는 교회, 선교하는 교회에는 교인이 몰리고 있다는 것을 이제는 부인할 수 없이 증명해 주고 있다는 것을 알아야 한다.

지금은 교회가 교인을 택하는 것이 아니고 교인이 교회를 선택하는 때가 왔다고 본다. 교회는 돈을 버는 곳이거나 적금하는 것이나 사치하는 것이 결코 성서적이라고 볼 수 없기 때문이다. 건물이 교회가 아니고, 구조의 틀 속에 가두어 둔 조직이 교회라고 볼 수 없는 것이다.

초대교회는 건물이 없었고 정치가 없었다. 마가의 다락방이 초대교회이고 주고 구제하고 모이고 유무 상통하였으며 공동체의 생활이 초대교회에서 시작되었기에 초대교회로 돌아가자고 하는 의미를 찾앉으면 한다.

『장로칼럼』 1999년 1월 2일

장로의 기도 · 2

　장로는 교회에서 봉사자의 대표성이지 결코 명예가 아니다. 장로의 기원은 구약에 지역의 자치기관의 의회의 회원이 되었으니 산헤드린(SANHEDRIN) 공의회로 지역주민들의 대변자로서 대표성에서 일에 관여했다. 왕정 후에는 국정에 관여하는 국가의 대표자로 오늘날 국회의원 격으로 국사에 관여하게 되었다.

　당시의 장로라는 직분은 오늘날의 목사와 장로를 망라해서 말하는 것으로 오늘날에는 나라마다 교회 내의 범주 안에서 봉사하게 되어있다. 어떻든 장로는 명예이거나 계급이 아니고 대표성이고 봉사직이다. 대표자의 자격으로 각종 공식예배 기도를 하게 되어있다. 대표 기도자는 모든 예배자의 공감을 이루는 기도가 되어야 한다. 교회에서 각종 공식예배는 받으시는 하나님께 영광을 드리는 고유의 목적행사이기에 기도 내용도 철저하게 드려지는 내용이어야 한다.

　첫 번째 시작되는 감사와 회개 그리고 드리는 예배가 하나님께서 받으시기에 기뻐하실 예배가 되도록 하는 내용으로 5분을 넘어서는 안 된다. 대표기도에 밥을 달라, 옷을 달라, 병 고쳐 주시고 오래 살게 해달라는 사람들의 목적을 위해서 비는 것은 공식예배의 대표기도라 할 수 없다. 자기 신상이거나 누구의 개인을 지칭하는 기도는 있을 수 없는 것을 장로들은 알고 있어야 한다. 그러기에 공식예배(교회에서)는 아주 단순한 내용이어야 함에도 어렵게 생각할 이유가 없는 것이다. 다만 교인들의 대예배나 가정에 초청받고 축하해야 할 기도 내용은 다르다. 그 가정 형편에 걸맞게 위로를 구하거나 축복(복을 비는)기도로 내용이 바뀔 수도 있겠다. 기도를 구분하면 두 가지로 영광과 축복이 되겠다. 그리고 자기의 개인 기도는 철저한 기도가 있어야 한다고 본다.

  수년 전 모 교회 장로가 대예배 시에 대표기도에서 거룩한 목사님께서 하나님의 말씀을 전하게 될 때 은혜가 되어달라는 기도를 하는 것을 듣게 되었는데 '거룩'이란 말을 잘못 이해를 하는 것이다. '거룩'이란 용어는 오직 하나님께만 적용되는 것을 철저하게 혼돈하는 것 같았다. 내가 거룩하니 너희들도 거룩해지라고 하신 성경 말씀을 잘 이해해야 한다. 거룩하도록 애쓰고 노력하고 내 계명을 잘 지키고 살 것을 당부하셨지 너희들도 거룩하다고 하신 뜻이 아닌 것을 장로들은 알아야 한다.

  훌륭하다는 것과 거룩하다는 말은 엄연한 구분이 있음을 알게 된다. 예배의 순서 중에서 찬송 기도, 헌금은 하나님께 드리는 순서이고 설교 광고는 사람을 상대하는 순서이다.

  그런데도 성경 본문은 소강대상에서 하고 기도와 찬송도 소강대상에서 드리고 설교만은 권위 있게 대강대상에서 고집해야 하는지 필자로서는 언제나 신앙 양심에서 거리낌을 항상 가지고 있다. 단적으로 말해서 사람을 상대로 하는 것이 권위 있는 것이냐 하나님께 드리는 순서자가 더 권위자처럼 인정해야 하는지 신학자들의 답을 얻고 싶다.

하나님께 바치면서도 적고 부족하고 인색하지 않나 하는 심정으로 떨리는 심정으로 드리는 것이어야 한다고 본다. 드리자고 하는 예배를 보자고 하는 말과 빨리 바뀌는 것이 좋으리라고 필자는 말하고 싶다. 예배를 받으시는 분은 하나님이시고 보시는 분은 하나님이시며 드리는 자는 사람일진대 어찌 예배를 보자고 하는지 이해할 수 없다. 드리는 자는 겸손해야 하고 경건해야 하고 도리어 감사하는 심정으로 예배를 드릴 때 하나님께서는 흠향하시고 기뻐하시는 참 좋은 예배라고 할 수 있겠으니 신령과 진정으로 예배할지니(요 4:23~24)

『장로칼럼』 1998년 1월 17일

문제로 삼지 말라

　사람은 누구나 실수가 있게 되고 그로 인해 상대자에게나 회원에게 피해가 될 수 있고 나 자신에게는 죄가 될 수가 있다.
　그래서 우리는 신앙적으로나 인격적으로 나약한 것을 부인할 수가 없다. 이웃이 실수가 있을 때는 당사자와 대화로 풀고, 듣지 않고 권면을 거부할 때는 심하게 책망이나 질책을 해서라도 그 당시 그 자리에서 해결을 보고 뒤에는 더 이상 문제 삼고 확대해서는 안 되는 것이 성서적이고 신앙적이다. 예수님께서 사람들의 죄를 죄로써 문제 삼으셨다고 하면 모두는 멸망 당하고 말았을 것이다.
　먼저 세례 요한을 보내시고 회개하라고 했지만 듣지 않은 것을 보시고 직접 사람들의 상대자가 되어 주시고 대화로 설득을 시키려 했으나 그래도 듣지 않는 백성을 구원코자 몸소 십자가 형틀에 대신 죽어 주심으로 문제를 풀어 주셨다.
　그러므로 우리 사람들은 감사하고 찬양하며 그를 믿고 있으면서 은혜를 갚지 못한다고 혀가 달고 입술이 터지도록 회개하고도, 형제의 적은 실수를 문제로 삼고 사건을 만들어서 대가를 지불해서 죽어가는 것을 보아야 직성이 풀리고 기뻐하자고 하면 과연 교회가 왜 있어야 하고 노회나 총회가 왜 존재해야 하는지 알 수가 없다.

교회는 하나님께 예배해야 하고 형제들과 공동체를 이루며 상처는 싸매 주는 곳이고, 위로하고 덜 입고 덜 먹는 자에게 나눔의 장이 곧 교회라고 하면서 상대자의 잘못되기를 기다리다가 나중에 문제를 삼는 것은 이해할 수 없는 일이다.

오늘날 비텐베르크 교회뿐이 아니라 유럽의 웅대하고 역사적인 교회들이 모이지를 않고 텅텅 비어 있으니 할 말을 잃을 수밖에 없다고 치부하고 말자는 것이 아니다.

우리는 충고와 협의와 변론이 있을 때 교회는 부흥이 있고 문제로 남지 않는다. 교회는 발전이 아니고 발달이 아니다. 성서의 본연의 진리로 되돌려 놓아야 하고 초대교회로 후퇴하고 원점으로 되돌아가야 이른바 언필칭 교회라고 하는 것이다. 직선적으로 회개하라고 손가락질하거나 주먹질이 아닌 회개 하자고 나를 포함시키는 것이 바람직하고 문제를 풀어 가는 선한 방법이다.

교회마다 노회마다 문제들이 속출하고 있음은 참으로 가슴 아픈 일이다. 하물며 하나님께서는 얼마나 섭섭하게 여기실까 생각하자 형제에게 밥을 주기 전에 먼저 용서가 선행될 때 주는 밥도 뜻이 있고 받는 자나 주는 자, 아니 하나님께서 더욱 기뻐하신다.

사랑은 오래 참는 것이어야 한다고 하셨으니 여러 번 기도하고 더 많이 참고 기다리면서 결코 문제로 삼지 말아야 한다. 욥에게 그의 친구들이 문병차 찾아와서 저주하지 아니하고 끈질기게 충고와 변론을 할 때 하나님께서 직접 음성을 들려주시면서 "너는 대장부처럼 허리를 묶고 내가 네게 묻는 것을 대답할지니라 네가 내 심판을 폐하려느냐. <u>스스로 의롭다 하려 하여 나를 불의하다 하느냐</u> 하나님처럼 팔이 있느냐. 하나님처럼 우렁차게 울리는 소리를 내겠느냐" 하셨다.

이어서 대만사람 엘리바스에게 각각 충고를 하시고 '수송아지 일곱과 수양 일곱을 취하여 내 종 욥에게 가서 너희를 위하여 번제를 드리라 내 종 욥이 너희를 위하여 기도할 것인즉 내가 그를 기쁘게 받는다'고 하신 진리를 생각해 봐야 한다.

따라서 저주하고 문제로 삼기 전에 서로 변론하고 있는 과정 속에서 하나님의 음성을 듣고 욥과 친구들의 문제를 쉽게 풀어갈 수 있었던 진리를 교훈 삼고 문제로 만들지 말고 합력하여 선을 이루었으면 한다.

『크리스찬신문』 1996년 11월 23일

복과 율법

하나님께서는 본래의 뜻은 사람을 복을 주시기를 원하셨다. 그리고 뒤에 율법을 선포하셨는데 율법을 세우신 것은 복을 주시기 위해서인 것을 알 수가 있으니 복이라는 말씀은 창세기 12장 2절에서 내가 너로 민족을 이루고 네게 복을 주어 네 이름을 창대케 하리니 너는 복의 근원이 될지라 하셨다.

그러나 사람들은 복 받는 비결을 망각하고 사람의 감정과 소욕대로 살려는 생활 속에서 하나님과의 관계를 멀리하고 있음을 안타까워하시고 최후 방법을 내어놓으신 것이 출애굽기 13장 9절에서 이것으로 네 손의 기호와 네 미간의 표를 삼고 여호와의 율법이 네 입에 있게 하라. 이는 여호와께서 강하신 손으로 너를 애굽에서 인도하여 내셨음이니…라고 하신 말씀은 먼저 율법이란 말씀보다 복을 먼저 언급하신 것을 알 수가 있겠다.

법이 있기 전 사랑이고 복인 것을 성서의 근거를 찾으면 요한일서 4장 16절에 하나님이 우리를 사랑하시는 사랑을 우리가 알고 믿었노니 하나님은 사랑이시라. 사랑 안에 거하는 자는 하나님 안에 거하고 하나님도 그 안에 거하시느니라 하신 것은 결코 사람 속에 늘 계시고 계신다고 하셨으니 사랑은 곧 복이다.

그리고 사랑은 곧 하나님이시다. 그래서 하나님은 복에 근원이시라고 하셨다. 하나님께서는 저주의 목적이 아니고 복중에 가장 큰 구원 시키고자 하신 근본이고 고유의 목적 사업이다. 그래서 아무나 사람이 사람을 저주하는 것은 엄청난 큰 죄가 된다고 하는 것을 알아야 한다.

착각하고 있는 목회자들은 목사는 축복권이 있고 저주권이 있다고 하는 말은 망발이고 스스로를 저주하는 소리가 되고 있음을 알아야 한다. 창세기 12장 3절에 너를 축복하는 자에게는 내가 복을 내리고 너를 저주하는 자에게는 내가 저주하리니 하셨는데 같은 말씀으로 창세기 27장 29절과 민수기 22장 6절과 민수기 24장 9절에도 똑같은 말씀으로 축복은 복을 비는 말로 아무라도 축복권이 있는 것이고 저주는 아무도 할 수가 없다는 것이 진리인 것이다. 다만 저주는 하나님만 하실 수 있으니 계명을 어긴 자에게 저주가 돌아가는 것이다.

복을 받는 비결은 이웃에게 축복하는 방법과 하나님이 주신 계명을 잘 지키는 일로만 가능한 것으로 알아야 한다. 복은 우선이고 저주는 차선이다. 흔히 축복의 개념은 물질에만 국한 시키는 것을 볼 수 있는데 이것은 잘못된 인식이다. 하나님을 사랑하는 복, 이웃을 사랑하는 복, 건강의 복, 칭찬받는 복, 참을 줄 아는 복, 그리고 명예와 부를 누리는 복 등이 있다. 이러한 복을 형제가 받을 수 있도록 비는 것을 이른바 축복이라고 하는 것이니 평신도가 목사나 장로를 위해서 축복을 할 수도 있다.

　복의 근원이라고 아브라함을 지칭하시면서 아브라함을 축복(복을 비는 것)하는 자를 복 주신다고 하셨으니 복을 받는 사람 중에 가장 먼저 받은 자라는 것을 알도록 하신 말씀이다. 누구나 복을 받는 비결은 이웃을 위해서 축복하는 일인 것을 가르쳐 주시고 계신다. 대접을 받으려거든 먼저 이웃을 대접하라고 하신 것과 이웃을 내 몸같이 사랑하라고 하셨으니 곧 나 자신을 사랑하시려는 것이며 자신에게 복을 주시려는 뜻을 바로 알아야 한다.

『장로칼럼』 1996년 9월 7일

이웃을 사랑하는 교회가 아쉬워

주는 자가 복이 있다 하신 말씀을 주셨는데 복 받기 싫어할 사람은 아무도 없다. 복을 받기를 원하고 있으면서도 받는 방법은 생각하지 않는다. 상대적으로 부자는 가난한 자가 있기 때문에 부가 존재하고 있다는 것을 알아야 한다. 경제학적으로 대차의 법칙이라고 말하고 있다.

모든 사람이 다 같이 부자라고 하면 부자 중에서도 더 크고 더 작은 자가 있는 것으로 작은 부자는 큰 부자 앞에서는 가난한 자로 있게 된다. 그렇게 될 때 큰 부자가 왜 나를 돕지 않느냐고 할 수도 있겠으니 지금 내가 그리 가난하지 않다고 생각할 때 주고 복을 받을 생각을 해야 한다.

'가난한 자를 불쌍히 여기는 것은 여호와께 꾸어 드리는 것이니 그의 선행을 그에게 갚아주시리라'(잠 19:17) 하셨다.

받는 사람은 언제나 부담을 느끼고 주는 사람은 줄수록 기쁜 것이다. 필자는 설 명절 전날 교우 중 병들고 어려운 사람을 몇 가정

개인 심방을 한 일이 있다. 어렵게 생활하는 K 집사님 댁 현관에 쌀이 두 포대가 놓여 있는 것을 보고 무슨 쌀이냐고 물어보니 천주교회에서 주고 갔다고 하신다.

K 집사님이 한사코 나는 개신교를 다닌다고 하면서 사양해도 천주교인들은 이미 문설주에 붙어있는 교패를 보고 왔다는 듯이 개신교에 나가셔도 좋고 교회를 다니지 않아도 상관없이 예수님께서 기뻐하시는 일이기 때문에 상관하지 않는다고 쌀 두 포대를 주고 갔다고 하면서 감격스러운지 눈물을 글썽거리는 것을 보았다. '귀를 막고 가난한 자가 부르짖는 소리를 듣지 아니하면 자기가 부르짖을 때에도 들을 자가 없으니라'(잠 21:13) 하신 말씀을 천주교회 사람들은 알고 있으리라 생각을 했다.

천주교에서 하는 일은 우리 개신교가 배울 것이 너무도 많다. 조립식 건물에 사치하지 않는 것이며 지역적으로 교구제도로 하는 것이며 신불신을 구분하지 않고 타종교인도 구분하지 않고 구제하고 있다는 것은 바로 성서적이라고 보겠다.

'가난한 자를 구제하는 자는 궁핍하지 아니하려니와 못 본 체하는 자에게는 저주가 많으리라'(잠 28:27) '예수께서 가라사대 네가 온전하고자 할진대 가서 네 소유를 팔아 가난한 자들을 주라. 그리하면 하늘에서 보화가 네게 있으리라. 그리고 와서 나를 좇으라 하시니'(마 19:21) 하신 말씀들을 보면 하나님께서는 가난한 편인 것을 알 수 있고 주라고 하신 것은 철저한 공동체를 원하신 것을 분명하게 알아야 한다. 제사보다 인애를 원하신다고 하셨고 항상 있는 믿음, 소망보다 사랑이 제일이라고 하신 말씀을 주셨다. 사랑은 오래 참고 있는 것이라 하셨고 참아야 복이 있다고 하셨다.

용서도 사랑이 있어야 하고 주는 것도 사랑이 있어야 한다. 천주교는 사치하지 않기 때문에 상대적으로 개신교보다 헌금이 적게 나와도 구제할 수 있다고 생각한다. 쓰고 남았으니 돕는 것이 아니고 절약하기 때문에 이웃을 도울 수가 있다.

금년 설 전에 TV 방송국에서 이웃돕기캠페인을 벌였던 것을 볼 수가 있었다. 돕는 자들의 기관이나 개인의 이름을 TV 화면에 소개되는 것을 보면 벽지 오지에서 자연 부락민들의 이름이며, 기업체의 직원들이며 말단 공무원들이 푼푼이 모여서 성금으로 모아진 것을 몇 개월 동안을 걸쳐서 계속 도운 사람들의 소개에 교회의 이름은 거의 찾아볼 수가 없다.

굳이 남을 탓할 것 없이 필자 자신을 탓할 일이라고 생각한다. 우리 개신교는 말은 풍성하고 사랑하라고 하는 사람은 앞을 다투고 나서지만 직접 사랑하는 사람은 없다. 사랑하라고 외치는 소리가 교회의 벽이 터져나가고 교회 유리창이 깨져나가지만 행동하는 사람은 없다.

오른손이 주면 왼손을 속이라고 하셨는데 주위 사람들을 의식하고 하는 사랑은 하나님께서는 기뻐하시지 않는다고 하셨다. 영광도 하나님의 것이고 갚아주시는 분도 하나님이시니 하나님의 이름으로 구제하는 것이 참 구제이다.

『크리스찬신문』 1996년 3월 23일

유럽 지역들의 교회가 비어있다

　필자는 유럽 몇 개국을 순방할 수 있는 기회가 있었다. 유럽에서는 동방정교회가 있고 성공회가 있다. 정교회는 로마 가톨릭에서 나와서 그것도 중간에 동서로 나누어졌고, 성공회는 영국교회로 가톨릭에서 나와 개신교와 가톨릭과의 절충의식으로 예배를 드리는 교회이다. 필자는 예배시간에 참예할 수 있었는데 본교회 교인은 불과 기백 명이 앉아 있을 뿐 엄청난 큰 교회가 불과 오분의 일 정도만이 자리를 메우고 있었다. 웅성대는 또 다른 사람들이 공간을 메우고 있는데 그들은 구경하고 있는 수많은 사람들로 타국에서 온 관광객이었다. 그들은 예배에 참예하는 것이 아니고 사진 촬영한다거나 잡담으로 예배당은 시장이 된 꼴로 전락하는 모습이었다.
　교인이 교회를 마다하는 이유가 도대체 무엇일까?
　의식은 제법 거룩하고 경건했으나 초라한 모습도 보였다. 교회가 구경거리로 전락하고 있음은 심각한 일이다.
　덴마크 코펜하겐에 있는 개신교 그린드비교회를 방문한 일이 있다. 그 교회는 역사가이며, 시인이며, 종교가인 목사 '그린드비'가 설립했다 한다. 개인 의자가 1천 8백 개이고 전등이 2천 개로 장식되었으며 건축은 1921~1940년에 걸쳐 설계자 'P. W크론트'로 건축되었다. 엄청나게 크고 현대식 건물로 실내외가 예술작품으로 우람하고 웅장하며 높고 밖의 자재는 특유의 계란색 벽돌로 마치 조각품을 보는 듯하니 하나님께 더없는 영광을 돌려드리는 것만 같아, 보는 사람들로 하여금 감탄사를 연발하게 한다.

듣기로는 세계에서 가장 아름다운 교회 건물이라고 현지 가이드로부터 설명을 들었다. 그러나 그 교회도 여느 교회와 다를 바 없이 출석 교인은 아주 극소수에 지나지 않는다 하니 참으로 가슴 아픈 일이다. 그리고 평일에도 세계적으로 몰리는 관광객들의 구경거리로 전시효과로만 남고 있는 오늘의 유럽교회들이 전락하고 있음을 결코 남의 나라의 현실이라고만은 볼 수 없고 우리에게 또한 경각심을 주고 있다 하겠다.

교회가 건물이 크고 적과 관계없이 교인이 모여야 하고 그 모임으로 하나님께 영광을 드리려 함이 오늘 예배당의 소명이라 본다. 또 우리 한국 교회도 해마다 성도의 모임이 둔화하고 있는 현실을 다 함께 통감하고 각성해야 할 일로 필자는 생각하고 있다.

『기독교연합신문』 1988년 4월 13일

모이는 교회

오늘날 교인의 동향을 보면 모이는 교회와 줄어드는 교회로 구분되어가는 양상을 볼 수 있다. 예전과 같이 교회가 전도운동을 해서 교회를 키우는 시대가 아니고 교인이 교회를 스스로 선정하고 본인이 교회를 택하는 양상이다.

주는 교회, 조용한 교회, 부담 없는 교회를 찾고 있다. 스스로 자진 등록하는 교인과 대담을 가져 보면 이웃 교회에서 신앙생활을 했는데 목회자들이 일방적으로 교회를 끌고 가는 교회에서는 신앙생활의 의미를 찾을 수가 없다고 한다. 그리고 주지 않고 헌금을 강요하는 것에 지친 자들이 몸부림치는 것을 흔하게 들어 볼 수 있다. 약한 자에게 주고 나그네에게도 주는 교회를 좋아한다.

헌금을 바치면서도 기쁜 것이고 봉사는 하던 사람이 더 봉사한다. 필자가 출석하는 교회의 개척 당시의 에피소드를 하나 소개하고자 한다. 소급해서 15년 전의 일이다.

예배 장소가 비좁아서 몇몇 집사들을 불러들여서 준비실 벽을 헐어내는 작업을 하는 일에, 직장 관계로 시간을 내지 못할 것으로 알고 참여시키지 못한 K 집사가 화가 난 모습으로 필자를 찾아왔다.

"장로님 다음 주일부터 나는 다른 교회로 나가겠습니다. 장로님이 어찌 그럴 수 있단 말입니까?" 하고 오해를 단단히 하고 항의를 하기에 이유를 물었더니 나한테는 연락도 없이 교회 작업을 할 수 있느냐는 불만이다. 그러한 말을 듣는 본인은 도리어 고마우면서도 미안하다고 정중히 사과하고 내부벽 페인트칠하는 일을 맡기었던 일이 있었다.

교회의 일은 서로 의논하고 같이 일하도록 하는, 전교인을 동참케 하는 일이 철저한 원칙임을 배울 수가 있었다. 잘되지 않는 교회는 몇 사람이 지배하는 주입식으로 하는 것이 주요인이 되고 있음을 알아야 한다. 성서에 아무나 오라고 하셨으니 아무라도 일할 수 있도록 일감을 주고 스스로 책임감을 주며 의욕을 주어서 협력하여 선을 이루는 교회가 잘된다고 본다.

목회자는 봉사를 강요하지 말고 성경을 소개하는 자세로 잘 가르치는 것이 바람직하다고 생각한다. 명령이나 지시하는 주입식을 탈피하고 스스로 봉사하는 분위기로 하는 것이 좋으며 의견을 존중하고 아무라도 동참의 기회를 주는 것이 좋다.

'의논이 없으면 경영이 파하고 모사가 많으면 경영 성립하느니라'
(잠 15:22)

『장로칼럼』 1995년 7월 1일

예 배 시 박 수

예배의 대상은 하나님이신 것을 재론할 여지가 없다. 그래서 예배의 순서를 함부로 변경할 수 없다는 것을 그만큼 조심스럽다는 사안이기 때문일 것이다. 예배의 소요시간은 대략 1시간 남짓밖에 되지 않는다. 하나님을 대하는 태도 중에 예배시간 이상 더 값지고 엄숙하며 경건한 것은 또 어디 있단 말인가? 예배인도자의 기원부터 거룩한 예배가 되도록 위해 기도로 시작된다.

아버지께 참으로 예배하는 자들은 신령과 진정으로 예배할 때가 오나니 곧 이때라(요 4:23) 하셨다. 유아실을 별도로 두는 이유는 설교 듣는데 떠드는 소리가 방해된다고 하는 생각이라면 내가 듣는 것에 보장받아야 되고 하나님께 드리는 예배는 도외시된다는 것을 어불성설(語不成說)이라 하겠다. 신입 교인 환영에 박수는 금지되어야 한다. 예배를 마치고 2부 순서에 환영순서로 취급됨이 맞다고 생각된다.

예배의 상대자를 잠깐 바꾸어 예배하는 것이나 다를 바 없는 위험한 일이다.

또 다른 예를 들겠다. 주일학교 학생이 노회나 지방회의 연합회에서 찬송대회나 성경경시대회에서 입상한 학생을 대예배 중에 앞에 불러 세워두고 상회에서 이미 시상식을 가졌던 것을 상장을 회수하여 놓고 시상식을 당회장이 다시 하면서 박수로 축하하는 것도 금지되어야 한다. 시상식은 시상자가 하는 것을 타인의 이중으로 시상식이 의미 없는 것이다.

마치 한국 교회가 일정 시에 일본 경찰관 앞에 총회 석상에 '신사참배' 하자고 결의한 것과 무엇이 다른 바 있겠는가? 가슴을 치며 통회해야 할 오점을 남기지 않겠는가?

예배시간은 철두철미하게 하나님께만 축하하고 감사의 영광을 드리자는 고유의 목적을 희석시키지 말자.

『장로칼럼』 1994년 5월 28일

공예배의 기도

　예배의 목적은 하나님을 기쁘시게 해 드린다는 점에 있다. 그 의미를 빼놓고는 예배라 할 수 없다. 특히 교회에서의 대예배는 그 의미를 크게 부여해야 한다. 예배는 보는 것이거나 받는 것이 아니고 철저하게 드리는 것이어야 한다.

　기도도 예배의 일부분임은 두말할 필요가 없다. 예배를 드린다고 하면서 기도는 무엇을 달라고 외쳐대는 것은 마땅하지 않다. 하나님께서 예배를 받아주시고 예배를 통해서 하나님께 영광 돌리기 위해서만 기도해야 할 것이다. 예배에서의 대표기도는 대표성을 생각해야 하고 모두가 공감대를 이루는 것이어야 한다.

　또한, 대표기도가 너무 길어서도 안 된다. 기도가 길다면 예배의 침해자가 될 수도 있는 것이다. 흔히 목회자들의 설교가 너무 길다는 지적은 하면서 대표기도가 긴 것은 당연한 것처럼 생각하는 경향이 있는데 이것은 잘못이다. 또한, 기도할 때 억양을 높이거나 목청을 높여 외쳐대는 것도 생각해 볼 사항이다.

예배 순서가 흐트러지지 않도록 '하나님이 보시기에 심히 좋았더라' 하실 수 있는 기도가 되어야 한다. 설교, 광고는 그 상대가 교인이나 찬송이나 헌금의 대상은 하나님이시기 때문이다.

『한국기독공보』 1994년 5월 21일

구제 사업 없는 교회

선물과 구제가 엇비슷한 것 같지만 각각 지니고 있는 의미는 엄청나게 다르다. 주님이 말씀하시기를 범사에 너희에게 모본을 보였노니 곧 이같이 수고하여 약한 사람들을 돕고 또 주 예수의 친히 말씀하신 바 주는 것이 받는 것보다 복이 있다 하심을 기억하여야 할지니라(행 20:35) 하신 말씀은 복을 받는 비결을 바로 가르쳐 주신 진리는 나를 사랑하신 것을 해지도록 채 깨닫지 못한 것으로 한스러운 생각을 하면서 이 글을 쓰게 된다.

할 수 있을 때 하지 못하는 것은 명청한 사람이라는 것을, 뒤늦었다고 할 때 이미 후회로 남고 마는 것이다. 오늘날 사회에서 한결같이 교회에 돈이 몰리고 있다 하나 교회가 문화비로 자출하기에 급급하여 돕는 일을 하지 않는다고 호통치는 것을 눈, 귀에 공이가 박힐 만큼 보고 듣는다.

그러나 눈부시도록 높은 사람들에게는 아낌없이 선물 보따리들을 나르고 있다. 선물과 구제는 너무도 차이가 있다. 선물은 높은 분이

낮은 사람에게 하는 것으로 성경의 근거를 찾으면 전도서 3장 13절에 '사람마다 먹고 마시는 것과 수고함으로 낙을 누리는 것이 하나님의 '선물'인 줄을 또한 알았도다', 5장 19절에 '하나님이 재물과 부요를 주사 능히 누리게 하시며 제 몫을 받아 수고함으로 즐거워하게 하신 것은 하나님의 선물이다' 하셨다. 또한 에스겔 46장 17절에 왕이 한 종에게 '선물'로 준즉 하였고, 사도행전 2장 38절에 성령을 '선물'로 주셨다 했다. 그 외에도 로마서 15장 15절·17절, 에베소서 2장 8절·3장 7절, 야고보서 1장 17절에도 한결같이 선물은 하나님이 내려 주심이거나 왕이 백성에게 내려 주었다고 기록되어 있다. 위에서 아래로 내려 주는 것이 순리이건만 오늘날 사회나 교회가 아래에서 위로 올려주는 역조현상은 선물이라고 해야 할 것이니 아부는 하지 않아도 죄가 되지는 않는다고 볼 것이다.

그러나 구제는 하나님께서 하라고 하셨기에 거부하면 죄가 되는 것 곧 행동하지 않는 죄라 할 것이니 에스더 9장 22절 가난한 자를 구제하라. 잠언 11장 24절을 흩어 구제하여도 더욱 부하게 되는 일이 있나니 과도히 아껴도 가난하게 될 뿐이니라. 디모데전서 5장 10절에 환난당한 자들을 구제하라 하셨고 신명기 26장 12절에 11조로 나그네와 고아와 과부에게 주어 네 성문 안에서 배부르게 하라 하셨다. 하나님께서 하라 하신 것을 행치 않는 죄와 하지 말라 하신 것을 행하는 죄를 짓는다.

부흥 강사님들 제발 구제하면 복 받는다는 성경 말씀을 외면하지 말고 성경에도 없는 높은 양반한테 잘 대접하면 복 받는다는 사람

말을 이제는 그만하는 것이 성경의 진리인 것 같다.

본인이 전도하다 보면 교회가 사랑을 외쳐대면서 사랑하지 않는 교회에 가서 무엇하겠느냐? 또한, 전도받은 사람이 교회에 나와서 보니까 교회가 주지 않고 받기만 하는 것을 볼 때 거부감 때문에 그만 나가겠다고 하는 여러 사람을 보았다. 사랑하지 않을 바에야 사랑하라는 소리를 하지 않는 것이 좋을 것 같다.

사랑하는 사람을 보면 대체적 성격적이고 적극적인 사람 인정이 있고 인정이 있는 이 사랑하는 것을 부인할 수 없는 통계를 낼 수가 있다. 사랑은 받는 것이 아니고 빼앗기고 주는 것이다. 걸인은 오두막집을 찾아가지 않고 크고 부잣집을 찾는다. 신앙주간지를 보면 신앙 수필 내용들이 약자를 돕고 큰 자는 권위의식을 버리고 부정과 횡포하지 말자고 하는 내용들이 주종을 이루고 있음은 오늘의 사회와 오늘의 교회를 질타하는 것이라 보겠다. 탁상은 있고 행동은 없다. 교회는 있어도 예수는 없다고들 한다. 하나님께서 말씀하신 이웃이 잔치했다고 담 넘겨서 떡 주는 옆집 아주머니가 아니라 고아와 과부가 참 이웃이다. 자식 없어 의지할 곳 없는 무의탁 병든 노인들이 예수님이 말씀하신 참 이웃이다. 빌립보교회에 갈등 있었던 두 권찰 유아디오와 순두게에게 같은 마음을 품고 약한 부녀자들을 도우라 하셨다.

『기독교연합신문』 1993년 4월 11일

빛나던 예루살렘 성전

'솔로몬'과 같이 존귀와 영광을 누리게 해 달라고 외쳐대며 기복적이고 무속적인 망상의 신앙에 젖은 중병환자들로 오늘의 교회들이 진통을 겪고 있다. 예수님의 참사랑은 고아, 약한 자, 억울한 자, 갇힌 자 병든 자, 가난한 자의 참 친구가 되라 하셨고 죄를 깨닫고 예수 믿어 "너희는 먼저 그의 나라(천국)와 그의 외(진리)를 구하라 그리하면, 이 모든 것을 너희에게 더하시리라"(마 6:33) 하셨건만, 먼저 구할 것을 제쳐놓고(천당에 가는 것은 제쳐놓고) 좋은 밥에 좋은 반찬에 최신 유행의 패션을 몸에 걸치고 내 사업에 매상을 많이 올리고 내 자식 일류 대학에 합격하는 것이 예수 잘 믿고 복 많이 받는 것으로 착각을 하고 있다. 이것을 예수 믿는 궁극의 목적으로 삼고 있다.

우리는 바른 신앙을 찾아야 한다. 하나님께서 나를 택하신 사랑에 감사하고 하나님께서 택하신 뜻을 깨닫고 하나님으로부터 쓰임 받는 자가 되는 것이 바른 신앙의 자세라 할 것이다.

영광의 소유자는 하나님께 속한 것이건만 사람이 취하려 한다.

욥이 시험을 당하고 있다는 소식을 듣고 문병차 찾아온 세 친구들이 안타까워서 '욥아 너는 회개하고 과거와 같은 모습 되라고 바라는 친구들의 충고를 거역했다. 나는 죄 없다'는 변론하는 꼴을 보시고 드디어 하나님께서 평소 욥은 죄 없는 의인인 것을 인정하시고 칭찬하셨건만, '죄 없다고 하는 단순한 죄를 책망하시고 너 스스로 의롭다 하느냐? 나 같은 강한 팔을 가지고 있단 말이냐? 나 같은 우렁찬 음성을 가지고 있단 말이냐? 너는 위엄과 존귀를 스스로 꾸미며 영광과 영화를 입겠느냐?'(욥 40:9~10)라고 호통하셨다.

허다히 크고 작은 교회 신분(직분)의 권위로 행세하다가 나와 이웃이 시험에 빠진다. 그러나, 그러한 시험의 책임을 스스로 느끼는 지도자는 거의 볼 수 없다. '만방의 족속들아 영광과 권능을 여호와께 돌릴지어다. 여호와께 돌릴지어다'(대상 16:28)

교회 일을 하면서 나는 기도했으니 이것이 하나님의 뜻이라고 우겨대며 주장한다. 자기 감정에 하나님을 끌어들여서 접목시키는 위험한 신앙을 버려야 할 것이다.

다윗은 우리아를 전쟁터에 보내어 억지로 전사케 하고 그의 아내 밧세바를 첩으로 끌어들여 아들을 낳으니 곧 솔로몬(평화의 뜻)이다. 부왕 다윗이 죽고 삼대 왕위(BC 970-933)에 이어받아 그의 업적을 보면 다윗이 정복한 온 지역에 대한 주권을 잡았고, 팔레스타인에 있는 모든 이방인을 정복하였고, 성전을 건축하였으며(장이 60규빗, 광이 20규빗, 고가 30규빗), 솔로몬의 송가 구약 외전의 하나로 42편을 지었고, 솔로몬의 시편 외전 18편 등이 그의 업적으로 꼽을 수가 있다.

그러나, 솔로몬은 기브온에서 일천번제를 하나님께 드리고 응답의 말씀을 받았으나 환상의 응답을 잊어버리기 시작하여 엄청난 죄를 지었다. 그는 37년간 왕좌에 있으면서 이방인의 여자들로 왕후(후비) 700명과 첩(빈장) 300명을 한 몸에 지니고 또한 후비들이 섬기는 신을 섬기기 위해서 산당을 짓고 우상에 분향하는 십계명 중 하나님을 상대로 하는 제1계명에서 제4 계명까지 송두리째 죄를 범한 자이다. 많은 첩(1000명)과 그 몸에서 낳은 자식들과 많은 심복자들을 먹이고 재우는 일로 궁전을 13년간이나 기나긴 세월 동안 호화주택을 지었으니 백성들을 혹사시켜 세금의 착취, 강제 노동 등으로 악정을 일삼았다. 당시에 심복자 중 여로보암은 반체제자로 몰려 애굽으로 피신하기도 했다.

궁전에서 하루에 먹어치우는 식량으로는 밀가루 30석, 굵은 밀가루 60석, 살진 소 10마리, 초장의 소 20마리, 양 100마리, 수사슴, 노루, 암사슴, 살진 새들이었다. 백성을 버리고 하나님을 저버리니 하나님께서 분노하시어 말씀하시기를 '네가 전(성전) 지은 것이라 할지라도 성전이 내 앞에서 던져 버릴 것이고 속담거리가 되고 전이 높을지라도 지나가는 자가 놀라며 비웃는다'(왕상 9:7~8)고 하셨으니…. 지금은 성전 터가 벽으로 남아 있을 뿐이다.(현재)

솔로몬이 37년간 왕위에 있다가 죽으니 그의 아들 르호보암(민족이 확대되었다는 뜻, 모압 여인 나아다의 소생)이 왕위에 오르게 되었다. 부전자전이라더니 르호보암 왕은 그의 부친보다 더 독한 악정을 일삼고 있으니 솔로몬 때 반체제자로 몰려 애굽으로 피신했던 여로보암이 솔로몬이 죽었다는 소식을 듣고 다시 고국으로 건너와서 르호보암에게 선한 왕이 되라고 충고를 하였으나 거역하니, 10지파가 여로보암(백성이 늘다)을 지지하고 북조 이스라엘(사미리아를 중심으로 하는)을 건국하였으며, 르호보암은 유다와 베냐민 두 지파만을 거느리고 남조 유다국을 건국한다. 드디어 나라는 두 동강이가 나고 서로의 전쟁으로 인해서 세국으로 전락된 틈을 타고 북조 이스라엘은 BC 722년에 강한 니느웨성을 가진 앗수르에 끌려가고, 남조 유다국은 BC 586년에 바벨론 느브갓네살 왕에게 끌려가고 말았다.

성지 예루살렘은 산산이 무너지고 말았으니 솔로몬과 그의 후예들의 행적을 거울삼아 하나님께서 좋아하시고 사람들이 좋아하는 오늘의 참 지도자가 절실히 요구되고 있다.

『한국기독공보』 1990년 8월 11일

5부

좋은 교회

설교상과 사회상

강단에는 오늘날 교회마다 강대상이 두 개씩 있는 것이 거의 예사로 되어 있다. 옛날에는 강단에 상이 한 개씩만 있었는데 오늘날 교회당은 장식품화 하고 있는 듯하다.

교회는 하나님께 복음의 목적 외에는 다른 의미를 크게 부여할 수 없다. 성전이고 예배당이라고 하기 때문이다.

더욱 예배는 하나님을 경외하는 것이 고유의 목적이고 기본이라 하기에 그렇다.

본 예배당에서는 예배 외에는 다른 행사를 일체 삼가해야 한다. 결혼식, 장례식, 졸업식, 각종 사람을 위한 축하식은 별관에서 행해져야 한다고 본다. 더 가관인 것은 예배 시에 다른 모든 순서는 사회상(작은상)에서 행해지고 다만 설교만은 설교상(큰상)에서 하는 이유의 근거를 찾을 길이 없다.

예배 모범 중에서 가장 권위 있는 순서라고 하면 말씀(본문) 낭독의 순서라고 하겠는데, 그래서 낭독이라기보다는 받들어 읽는다는 의미로 봉독이라고 하면서 어찌 권위를 격하시키는 의미가 담긴 사회상(작은상)에서 한사코 고집하는 것은 주의 말씀, 권위보다 사람 말(설교)의 권위를 놓이고자 하는 것이 아니라고 변명만 할 수 있겠는가?

그래서 필자가 출석하는 교회 당회에서는 본문 낭독을 큰상에서 하기로 하고 방법을 바꾼 일이 있다.

오늘날 정부가 개혁을 하자는 방향에 옳다고 입을 모으고, 박수를 보내고, 더 강도 높은 개혁이 절실하다고 목청까지 높이면서, 어찌 교회는 제자리에 머뭇거리자는 것인지 알 수가 없다. 교회 개혁은 타의에 의해서 국가나 사회단체나 타종교나 비기독교인의 목청에 끌려가서는 안 되는 것이다.

1517년 교회 개혁이 그랬듯이 교회 안에서 그것도 지도자인 신부가 목숨을 걸고 앞장섰다.

그 주장이 옳다고 힘이 모아지고 양심 있는 신앙인들이 가세했기에 오늘날 개신교가 시작된 것이라면 500년이 되면서 개신교회는 옳은 일만 했다고 자부하겠는가?

각종 지도자의 대형 모임들을 통해서 경건, 절제 운동이니, 올바른 목회자상이니 하는 등의 굵직한 타이틀은 대서특필로 지면들을 독차지하면서 과연 바꾸어지고 있는 것은 하나도 눈에 띄지 않는다. 소리로만 끝나고 만다.

'여호수아가 백성의 떠듦을 듣고 모세에게 말하되 진중에서 싸우는 소리가 나나이다. 모세가 가로되 이는 승전가도 아니요, 폐하여 부르짖는 소리도 아니라, 나의 듣기에는 노래하는 소리로다 하고, 진에 가까이 이르러 송아지와 그 춤추는 것을 보고 대노하여 손에서 그 판들을 산 아래로 던져 깨뜨리니라. 모세가 그들의 만든 송아지를 가져 불살라 부수어 가루를 만들어 물에 뿌려 이스라엘 자손에게 마시우니라.'(출 32:17~20) 하나님께서 대노하시고 금송아지를 만들게 했던 최초 제사장 아론을 호되게 책망을 하실 때 제사장 아론은 변명만 나열했던 것이 생각난다.

오늘날 교회는 헛된 소리로 꽉 차 있다. 그리고 변명의 소리로 꽉 차 있다. 교회 개혁은 발전이 아니다. 부서뜨리고 몰아내는 혁신이 아니고 성경 본래의 모습으로 되돌려 놓는 일이다. 그 방법 선택의 중요성이 아니라 성경 본래의 하나님의 뜻을 바로 알고, 바로 가르치는 것이다.

결코 사람(지도자)의 권위에 하나님의 권위가 밀리고, 묻히고 있다고 한탄만 하고 있을 것이 아니라 지금 고치고, 바로잡고 성서의 본래의 모습으로 되돌려 놓는 것이 교회의 개혁이다. 불교에서는 하고 있는데 우리 교회에서는 미루고 외면할 수만 없지 않은가?

『영성소식』

주님이 주신 지혜 찾고 잘 활용해
잘 활용해 영광 돌려야

우리는 생활 속에서 이치에 맞는 것일 때는 '옳다' 혹은 '그렇다' 혹은 예하고 시인하거나 '예' 하는 것으로 답이 나오게 되어 있다. 학문적으로 정의가 있고 수학적으로나 문리적으로는 공식이 있듯이 원리나 원칙을 떠나서는 질서가 파괴되고 의학이나 공학이 존재할 수가 없어서 기본적으로 생활을 할 수가 없게 되어 있다.

사람의 지각은 철저하게 하나님으로부터 받은 것을 감사해야 된다. 흔히 처음으로 물건을 발명하고 착안해서 세상에 내어놓게 될 때는 발명 '가'라고 '가' 자를 붙어주는 것은 전문성을 인정해 주는 것으로 보겠으나 이미 사람으로부터 처음 원칙이나 원리를 만들어낸 것이 아니고 이미 하나님께서 주신 것들을 뒤늦게 찾아내신 고백한 것에 불과한 것이다.

우리는 하나님께서 주신 지혜를 잘 찾으면 그리고 잘 활용을 할 때 먼저 영광을 하나님의 몫으로 돌려 드리어야 한다. 그래서 하나님 앞에서 원리나 원칙을 '진리'라고 할 수 있겠다. 그래서 '진리'는 사람들에게는 율법이고 계명으로 주셨으니 그것들을 지키는 것을 언필칭순종이라고 할 수 있으니 '예'라고 하겠다. 고린도 교회에서 바울이 '예'라고만 하라고 강조한 것은 거기에는 충분한 이유가 있다.

본래의 복음을 전파할 때에 다르게 우상을 섬기고 파당이 생겼으니 바울파, 아볼로파, 게바파로 갈라져서 분쟁을 일삼고 있는 것을 책망하고 왜 처음부터 가르쳐준 대로 믿지 아니하고 잘못된 길로 가기 때문에 여기에서 강요하는 말로 '예'만 하고 '아니라' 하지 말라고 했다.

'하나님은 미쁘시니라 우리가 너희에게 한 말은 예 하고 아니라 함이 없노라'(고후 1:18) 하셨다. 여기에서 '미쁘시'라는 말은 믿음직하시다는 뜻으로 잘 믿으라는 주문을 한 것을 강하게 표시되었다고 보는 것이기에 충분한 이해가 되는 부분이고 예수님께서는 잘못된 것은 잘못된 것으로, 옳은 것은 옳다고 하라고 분명하게 하셨다.

'오직 너희 말은 옳다 옳다 아니라 아니라 하라. 이에서 지나는 것은 악으로부터 나느니라'(마 5:37) 하신 것이니 사람은 진리를 떠난 것은 죄가 되는 것을 분별하여야 한다. 야고보서에서도 5장 12절에 '내 형제들아 무엇보다도 맹세하지 말지니 하늘로나 맹세하지 말지니 하늘로나 땅으로나 아무 다른 것으로도 맹세하지 말고 오직 너희의 그렇다 하는 것은 그렇다 하고 아니라 하는 것은 아니라 하여 정죄함을 면하라' 하셨다.

『장로신문』 1996년 3월 16일

헌금과 세금

돈은 좋은 것이고 헌금은 기쁜 것이며 세금은 부담스러운 것이다. 돈을 버는 것은 노력이고 수단이며 절약이 기본이다. 사람이 됨이 없으면 힘도 없고 권위가 없고 맥이 없다. 집도 없고 체면도 없다. 그리고 덕이 없어 보인다. 돈이 있으면 무엇이든지 전부를 가질 수 있다. 그래서 돈을 벌기 위해서는 이등이 될 수가 없다. 돈이 있어야 돈을 벌 수 있다. 그래서 돈의 위력은 대단해서 돈이 있으면 국회의원이 되는 것은 아무것도 아니다. 돈으로 명예도 얼마든지 살 수 있다.

그래서 그랬는지 예수님을 돈으로 시험을 했던 유대교인들의 질문 공세를 폈던 것 같다. 선생님 헌금과 세금은 어떻게 구분하는 것이냐고 물어볼 때는 그들이 예수님의 돈에 대한 관심을 알아내어서 예수님을 가이사에 대한 모독죄로 유도해 내려는 의도였다는 것으로 주석하고 있다.

필자의 전직 직업은 세무에 대한 업무를 종사했던 일로 주위에 많은 사람이 세금에 대한 자문을 많이 요청해 왔다. 그럴 때마다 교회 장로로서 무척 조심스러웠던 때가 많았다. 잘못 말해서 납세자에게 불이익을 받아서는 막대한 책임이 필자에게 부여된다는 것을 의식할 수 있기 때문이었다. 그럴 때마다 예수님의 질문 공세를 받으시던 생각을 할 수 있었다. 그래서 적당한 세금은 납부하는 것이 편하고 오히려 손해 없는 이익이라고 권장해 주었다.

어떠한 경우에는 억울한 세금으로 압박을 받고 세리들로부터 고통을 당하고 있는 것을 알게 되었을 때는 세법이 허용하는 적절한 기초공제며, 각종 공제액을 계산한다. 공정한 세금계산서에 수입금과 공제액 그리고 세율을 정확하게 작성해서 자진납부고지서까지 지참하게 하고 납세자로 정당한 신고서를 들고, 세리들에게 제시할 때는 세무공무원들은 세금 납부 일자나 어기지 말아 달라고 하는 말 외에 할 말을 찾을 수가 없게 된다.

그런데 필자가 장로라고 해서 헌금에 대한 질문을 받게 될 때는 무척 조심스러울 때가 있다. 헌금의 기본은 성서적으로 십에 일조인데 그 이상의 특별헌금에 대해서는 어떠한 답변이 상대자의 신앙과 필자의 신앙이 같이 손상되지 않는 길을 택하기가 참으로 난감할 때가 허다하다. 감사하라고 하는 것은 기본이 없고 기초공제가 없기 때문이다. 다만 성서에 인색하게도 말고 억지로도 하지 말라 하셨다.

헌금은 기쁘게 내는 것이 최고가 아니고 최선이라고 볼 수 있겠으니 욕심을 내는 것은 죄라고 하셨는데 소유의 욕심이나 무리한 헌금의 욕심이나 욕심은 같은 말인데 결코 기준이나 기본이 있는 것인데 자기의 형편에 걸맞은 것은 신앙과 재산의 불량과 수준이 있는데 잘못된 비성서적인 자문은 참으로 조심스러운 것이다. 그래서 형제가 기도하고 자매의 남편과 의논하고 결정할 문제라고 결론을 주고 필자는 빠져나올 때가 있었다. 교회가 돈이 많이 있다고 결코 좋은 교회라 할 수 없다.

헌금이 얼마나 들어왔느냐는 것 때문에 시험 드는 교회가 없고 헌금을 어떻게 쓰여지느냐에 대해서 교회가 시험에 드는 수가 있다.

그래서 어떠한 교회들은 수입은 무예산이고 지출에만 항목별 예산을 세우는 경향으로 흐르고 있음은 참으로 바람직한 일로 평가된다. 헌금은 바치면서도 기쁘고 도리어 감사하는 것이다. 왜냐하면 교회는 공동체 생활의 터전이기 때문이다. 그래서 세금은 법이 있고 헌금은 기쁨이 있는 것이다.

『장로문학』 1996년 2월 24일

제사장과 제사

제사장은 하나님 앞에 서는 자 또는 하나님의 종이라고 한다. 제사의 의식을 행하는 자라고 되어 있다. 그래서 제사장(司長)으로 표기하고 제사장(長)이라고 하지 않는다.

제의 순서를 맡는 것이지 제사의 주인이 되는 것이거나 드리는 자에게 권위를 부여했음이 아니다. 당시의 제사장은 레위지파 중에서도 아론의 후손으로 한정시킨 것을 알 수 있다. 모세는 레위지파면서 아론의 동생이지만 민족 지도자로 민족의 대표자이면서 아론 즉 제사장을 지배했다.

당시에 통치자라고 말이 통할 수 있겠다. 왕 다시 말하면 통치자는 한사람이지만 제사장은 여러 사람이다. 그런데 살렘의 왕 멜기세덱이라는 사람과 제사장직을 겸하기도 했다.

다윗 왕 때에는 3천7백 명의 제사장이 있었는데 24반으로 나누어 돌려가면서 윤번제로 직책을 맡아 보기도 했다. 율법을 백성에게 가르치는 일, 문둥병을 진단하는 일, 소송을 들어 판결하는 일에 제사장은 가슴에 우림과 둠밈의 흉패를 달고 하나님의 뜻이 과연 어디에 있는지 한 점 부끄럼 없이 공정하고 공평한 재판을 하는 일을 해야 했다.

앞에 몇 가지 제사장이 하는 일에 대해서 열거한 것처럼 하나님의 사역을 맡아 봉직자로 종으로 일할 수 있게 했다는 것이다. 제사장(祭祀)이라 하지 않고 제사장(祭司長)이라고 한 것은 제사(祭祀) 자체는 하나님의 소관으로 제사를 받으시는 분은 하나님이시라는 것을 알게 된다.

신약시대에 와서는 제사가 아닌 예배로 공동체의 모범으로 예배하게 하셨다. 그래서 오늘날에는 예배장(禮拜長)이 아니고 예배인도자(禮拜引導者)라고 부르고 있다. 그래서 예배의 순서에 따라서 사회자 설교자 기도자 특별찬양자 헌금위원 안내위원으로 각기 역할 분담으로 팀 목회로 하고 있다.

벧전 2장 9절에 '오직 너희는 택하신 족속이요 왕 같은 제사장들이요 거룩한 나라요 그의 소유된 백성이니 이는 너희를 어두운 데서 불러내서 그의 기이한 빛에 들어가게 하신 자의 아름다운 덕을 선전하게 하려 하심이다.'

이 말씀은 아무에게도 신앙의 책임지는 자가 되고 십자가를 예수님께서 지실 때 지성소와 성소의 중간에 막혔던 휘장이 갈라져서 인간과 하나님의 관계를 더욱 밀접하고 격이 없이하는 의미로 받아들일 수가 있다고 보겠다.

그렇다고 볼 때 제사(예배)는 거룩한 것이고 제사장(祭)이나 예배인

257

도자에게는 거룩하다고 할 수 없는 것이니 거룩한 것은 하나님한테만 적용하는 것으로 직분 자에게는 거룩하다고 하는 말은 참으로 조심스럽게 구분해야 한다.

그래서 직분 자들은 권위의식을 버리라고 하자는 것이니 너무도 귀납적인 근거가 충분한 말인 것을 받아들이면 하겠다.

드리는 자가 거룩하다고 한다면 받으시는 분의 거룩성이 희석된다고 생각을 하게 되는 것이다. 지혜의 근본이나 지식의 근본은 여호와를 경외하는 것이라고 말씀하셨다. 사람이 영광을 누리자고 한다면 하나님께서 피해를 보고 계신다는 것을 알아야 한다. 하나님께서 피해를 보시면 우리들도 피해의식을 가지는 것이 신앙이다.

신앙은 하나님을 기쁘시게 해 드리는 것이라고 보는 것이다. 사람을 기쁘게 하랴 하나님을 기쁘시게 하랴 하신 말씀이 생각나게 한다. 땅과 하늘을 만드시고 각종 생물을 만드신 목적은 그리고 사람을 지으신 것은 하나님께서 영광을 받으시려는 고유의 목적이 있으신 것을 알아야 한다.

제사장과 목사는 인도자이지 제사와 예배의 주인이 될 수가 없다. 그러기에 우리는 자고하지 말고 겸손하고 섬기는 자들이 되어야 한다.

『장로문학』 1997년 3월 1일

돌을 던지지 말자

형제가 넘어지면 쫓아가서 일으켜주고 옷을 털어주고 상처를 싸매어 주고 위로해주며 힘이 되어 주는 것이 예수님의 철학이다.

그 진리가 옳다고 우리는 예수님을 믿고 찬양한다. 예수님의 교육은 죄지은 후의 책임을 묻기 전에 죄를 짓지 않도록 사전에 권면과 충고로 다스리는 것이 교회에서 할 일이다. 어떠한 일감을 누구에게 주어서 집행케 하고 그 결과가 혹 목적과 다른 좋지 못한 결과가 나올지라도 그 책임을 물어서는 예수님의 뜻에 어긋나는 것이다.

그래서 교회에서는 철저한 성서교육과 신앙교육이 필요하다. 오늘날 교계에서는 사형제도를 철폐하라고 정부 측에 강력히 요구하고 나섰다. 죄가 무엇에 한계를 두지 않고 어떠한 죄가 있다 할지라도 죄의 대가로 사람을 죽일 수는 없다고 하는 논리일 것이다. 그 논리는 성서에서 얻어내었다고 보는 것이 옳다고 하겠다. 그렇다면 결과는 나왔다. 교회에서는 결코 책임을 묻거나 돌을 던지지 말아야 한다.

예수님께서는 우리가 죄가 있기에 대신 십자가를 지셨고 다시는 죄를 짓지 않는다면 십자가를 지시겠다는 조건을 내걸지 않았다.

죄가 있어야 용서하시고 대신 죽어 주셨다. 그리고 또 죄를 지었을 때는 회개만 하면 용서하신다고 하셨다. 현장에서 붙들린 간음한 여인을 돌로 치지 말라고 하셨다. 너희들도 죄가 있으니 돌을 던지지 말라고 하신 말씀에 주위 사람들이 발길을 돌린 것은 스스로 죄 있음을 시인했다고 보겠다.

일곱 번을 일흔 번씩 용서하라 하셨건만 필자는 한 번도 누구에게도 용서를 해 본 일이 없다. 스스로 지은 죄와 형제의 죄를 용서하지 않은 죄가 있는 철저하게 숱한 죄를 지어 본 체험자이기에 이러한 글을 쓰게 되었다.

필자는 수년간을 걸쳐 각종 신앙 주간지나 월간지에 투고했던 일로 전국의 수많은 독자로부터 많은 격려의 전화와 편지를 받아본 일이 있다.

장로로 25년간의 교회 일을 하다 보면 비성서적이고 비신앙적인 것을 보고 느낀 것들을 취급해서 140여 회에 기고한 일이 있었던 것으로 철저하게 본인을 책망하는 심정으로 투고를 했던 것으로 평신도로서 교회에서 필연코 개혁해야만 된다는 심정으로 집필했다. 필자 자신을 지적하고 질타하는 자책감으로 원고를 쓰곤 했다.

원고를 쓸 때마다 철저하게 성서를 근거로 했기 때문에 한 점 거리낌이 없다. 기회가 된다면 책자로 내어서 목사가 된 자식에게 물려주고 싶다. 섬기고 베풀고 겸손한 목회자가 되어 줄 것을 귀에 공이가 박힐 정도로 주문했다. 교회는 책망하는 곳이 아니고 권면과 충고가 우선되어야 한다.

그러므로 나는 저희가 복음의 진리를 따라 바로 행하지 아니함을 보고 모든 자 앞에서 게바에게 이르되 네가 유대인으로서 이방을 쫓고 유대인답게 살지 아니하면서 어찌하여 억지로 이방인을 유대인답게 살게 하려느냐 하였노라(갈 2:14) 하고 책망하신 것을 생각게 한다. 너희를 밥으로 먹이지 아니하고 젖으로 먹인 것은 감당치 못할 것이기 때문이라고 말씀하셨다.

교회에서는 재판관이 될 수 없고 정죄도 할 수 없고 결코 돌을 던질 수가 없다. 남편이 다섯인 여인도 용서하시고 영생수를 마시게 하셨다. 죄인인 나는 죄인에게 돌을 던질 수 없다.

『장로신문』 1995년 11월 18일

신앙의 차이는 성격 차이

교회 안에서 봉사를 하는 것을 보면 같은 일인데도 모양이 각기 다른 것을 볼 수 있다. 어떠한 사람은 서두르고 일 욕심을 내고 일방적으로 처리하는 사람이 있는가 하면 뒷전에서 소극적으로 맡겨 주어진 일만 하고 적극적으로 하지 않고 조용하게 그러나 능률이 없고 어떻게 보면 답답하게 보일 수도 있다.

베드로는 성격파로 적극적이고 도발적이며, 서둘다가 예수님과 약속을 깨고 예수님과 무관하다고 부인하기도 했다. 어부 출신으로 흔히 뱃사람들은 성격이 거칠다는 풍문이 있듯이 환경의 지배를 받았으리라 볼 수 있으며 말코의 귀를 칼로 잘랐던 것 등의 본성이 드러났던 것이다.

열심파로 인정을 해주었기에 수제자의 자리를 소유했던 것 같다. 그런가 하면 도마는 너무도 소극적인 면을 보인 것 같으나 자기의 소견을 분명한 의사 표시로 확실한 것에 대해서는 적극적으로 활동을 했다. 인도에서 선교활동을 하다가 순교했다는 설이 있다.

요한은 갈릴리에서 살았으며 어부 생활이 직업이었으나 모난 부분이 없고 세례 요한을 통해서 예수님의 제자가 되었다. 예수님으로부터 가장 신임을 얻은 점으로 아마 원만한 성격을 소유했다고 보는 점이 강하다. 그리고 최후의 만찬에서 예수님의 품에 안기였다는 기록을 볼 수 있다.

바울의 본래의 이름은 사울로 히브리(아브라함)의 민족으로 당시 문화가 앞선 그리스(헬라)문화를 갖추었던 점으로 상당한 식견이 있었다고 보고 외교적인 기발한 두뇌자로 힘 있는 로마시민권까지 소유하고 기독교를 이방시 하던 정통의 유대교 신봉자였기에 초대교회 때 집사 스데반을 죽였던 왕이었다. 그러나 인격이나 학문을 갖춘 자로 다메섹에서 예수님을 만남으로 시작해서 철저하게 회개하고 인생의 대전환을 맞게 된다.

그의 전도 활동 무대를 보면 예루살렘으로 시작해서 수리아, 이고니온, 티베, 소아시아를 누비며 아라비아에까지 목숨 걸고 선교 생활로 네로의 박해로 투옥되기도 했다. 감옥 속에서도 옥중서신을 써서 지금까지 성경 일부분의 위대한 업적을 남기고 로마에서 처형(순교)을 당했다. 물론 본 종교 유대교를 가진 자로 박해한 자였으나 갖추어진 인격이며, 학문이며, 철학이며 부지런한 적극적인 것들이 고루 갖추어진 사람이 교회의 지도자로 선정될 때 좋은 일꾼이 된다는 것을 보아서 감독의 자격은 상당한 식격인 것과 신앙의 연륜이 있는 자로 하자는 법을 생각할 수 있게 한다.

『장로신문』 1995년 12월 2일

좋은 교회

교회는 돈이나 문명에 혹은 과학의 수준에 정비례하는 것이 아니다. 교회는 예술이 아니고 교회는 건물이 아니다. 규모가 크다고 큰 하나님이 계시고 빨간 벽돌로 지었다고 빨간 하나님이 계시는 것이 아니다.

예루살렘 성전은 예수님이 오시기 750년 전에 호화찬란하고 헌금이 아닌 세금으로 혹은 이웃 나라들로부터 강권적으로 걷어 들여서 7년간에 걸쳐서 솔로몬이 건축한 사치스러운 건물이었으니 당시의 하나님은 사치스러운 하나님이 아니셨다. 아름답고 견고한 전이었으나 하나님의 뜻은 아니었기에 오늘날 남아 있지 않고 주전 586년 건축한 지 200년이 못 된 채 느브갓네살에게 파괴되고 말았다. 그리고 지금은 통곡의 벽으로 남아 있을 뿐이다. 하나님은 어느 시간이나 어느 공간에 혹은 어떠한 규모의 한정된 곳에 머물러 계시지 않는다.

필자는 덴마크에 있는 그린피드 교회를 방문한 일이 있다. 규모로는 엄청난 큰 교회로 단층에만 그것도 개인 의자로 2천 명이 앉을 수 있다. 건물형태는 베이지색 벽돌로 외부나 내부벽이 똑같이 섬세하고 예술작품으로 장엄하기도 하다. 천장 벽에 2천 개의 전구로 마치 은하수 물결로 장식되어 있고 누구나 입이 있는 사람이면 감탄을 연발할 수밖에 없다. 천정에도 똑같은 벽돌로 조적되어 있는 것은 참으로 장관이라 아니할 수 없다. 한국에도 대단한 교회 건물들이 있지만 그린피드 교회처럼 웅장하고 아름다운 것은 없다.

필자는 맨 앞자리 좌석에 모자를 벗어 무릎에 놓고 기도를 드렸다. 여타 동행한 일행들은 교회 구석구석을 사진기에 담아 두느라 정신이 없다. 그런데 가이드로부터 교회에 대한 연혁이며 규모며 건물 개요를 설명하는데 교인이 모이지 않는다고 한다.

주일이면 한쪽 구석에서 적은 사람들이 모여서 예배한다고 한다. 참으로 가슴이 아픈 일이다. 교회는 사람이 모여서 영광을 하나님께 드리고 교인들끼리는 공동체를 이루고 살아야 하는데 무척 아쉽기만 했다. 평일에도 교회 출입문을 개방하고 세계적으로 몰려드는 관광 코스로 이 교회를 빼놓지를 않는다고 한다. 예배하는 교회가 아닌 관광지로만 남아 있다는 것을 생각하면 오늘의 유럽 지역의 교회들이 참상이 굳이 그린피드 교회만이 아니다.

GNP가 높은 나라마다 예외가 없다는 것이다. 움직이면 어떻고 지하 속이면 어떻단 말인가? 여기가 좋사오니 집을 셋을 짓자고 하는 제자들이 했던 말은 그곳이 경치가 좋고 먹을 것이 많고 기후가 좋아서가 아니라 예수님의 모습이 광채가 나는 것을 보고 은혜가 되고 감동이 되니 기뻐서 그러한 말을 예수님께서 건의한 것으로 알 것 같다.

교회란 사람이 모여야 되고 신령과 진정으로 예배를 드려야 하고 교인들과는 친교를 해야 하며 모아진 헌금으로 들고 나가서 어렵고 가난하고 외롭고 병든 자 고아와 나그네 그리고 이방인들에게까지 베푸는 사업을 하는 곳이어야 좋은 교회라고 할 수 있다.

교인들이 사회적 수준이나, 교인이 돈의 부유함이나 교회의 수준이 정비례할 수가 없는 것이다. 순수하고 구령 사업에 최선을 다하며 말썽이 없고 기도가 쉬지 않고 찬송이 그치지 않는 교회, 실족한 자를 보면 힘을 주고 상처 입은 자를 싸매어 주면서 소수의 의견이라도 존중하는 교회이어야 한다. 혼자가 아니고 모든 자를 동참 시키는 교회, 떡을 같이 떼며 마가의 다락방 초대교회처럼 성령의 충만한 교회가 참 좋은 교회라 하겠다.

『장로신문』 1996년 1월 6일

전도의 기회

　교회에서 구제 사업을 하는 것은 대체적으로 본 교회 교인 상대로 하거나 타 교인이라도 교인을 상대로 하는 것이 예사로 되어 있다. 성서적으로는 그렇게 하라고 되어 있지는 않다. 고아와 과부 그리고 나그네에게 주라 하셨으니 도움이 필요하면 주라 하셨다.
　물론 교인을 주지 말자는 것은 아니다. 대내이든 대외이든 어려운 자를 끌라 하셨다. 사회적으로 지탄하고 있는 말이면 저희끼리 나누어 먹기 식이라고 비난을 하고 있다.
　대외적으로 구제하게 될 때 전도할 수 있는 기회가 주어진다. 구제는 하나님께서 기뻐하시는 일이면 최선의 것이다.
　배가 고픈 것은 신불 신간 관계없이 똑같이 고통스러운 것이다. 여리고에서 강도 만난 사람을 도와준 사람이 도우면서 당신 예수를 믿는 사람이냐고 물어본 일 없고 병든 자를 고쳐주면서 예수님께서도 너 나를 믿는 사람이냐고 물어본 일이 없으셨다.
　교인의 상가(喪家)에만 찾아 위로하고 부의금을 전하고 많은 것이 아니라 불신 가정에도 상을 당한 가정 주민 상대로 찾아가서 위로부의도 전하고 봉사해 주는 미덕을 베푸는 것이 좋을 것 같다. 병원을 찾아가면 치료를 다 받고도 치료비가 없어서 퇴원하지 못하는 사람도 있다고 하는 말을 들어본 적이 있다. 그러한 경우에도 교회들이 나서서 돕는 방법을 취하면 좋을 것 같다.

헌금하면서 기도하기를 이 헌금이 쓰이는 곳에 하나님께 영광이 되도록 쓰이기를 원하는 본인의 기도와 집례자의 봉원 기도에도 같은 내용으로 기도가 빠짐없이 반복되는 것을 듣고 있다.

본교 교인이든, 이웃 교회 교인이든, 불신자이든, 이방인이든 구분할 것 없이 구제 대상으로 교회에서는 사랑을 베풀어야 교회의 본분을 다하는 것이라 생각한다. 하나님은 필요한 것을 사람에게 주시고 불필요한 것은 주시지 않는 것을 알아야 한다.

필요를 원하는 사람에게 주는 교회가 부흥하고, 성도는 기뻐하고 하나님께서도 기뻐하신다.

『장로신문』 1996년 2월 10일

교회는 둥지가 되어야 한다

사람이 외로울 때면 가장 가까운 친구의 얼굴이 스치고 배가 고플 때면 눌러 담은 수복한 밥 한 그릇밖에는 보이는 것이 없다. 겨울 삭풍의 몸이 얼어붙을 때면 볏짚 썩은 새 모닥불 생각과 푸른 솔까지 그것도 도산지 아저씨 몰래 꺾어서 아궁이 깊이 그려 따끈한 방에 두툼한 솜이불 속에 손발을 깊숙이 묻는다.

어릴 적 마을 건너 친구의 자취방에서 화롯불에서 대충 구워낸 따끈한 고구마 후후 불어가며 배를 채우고 학교에서 내어 준 숙제를 머리맡에 쌓아 둔 채, 실컷 자고 나서 밀린 방학 숙제 부랴부랴 해 놓았었다. 밤새우는 줄 모르고 친구들의 흉금 없이 정담을 주고받던 것처럼 교회는 문제를 안고 오는 사람의 것이 되어야 한다. 헐벗은 사람, 십계명을 송두리째 어긴 죄진 자들이 찾아들고 그래도 사랑으로 용서하신다는 하나님의 음성을 듣는 곳이 되어야 하며 상처 입은 성도들을 싸매 주는 곳이 되어야 한다.

병든 자는 같이 누워주고, 기쁜 자와 더불어 웃어 주어야 한다.

구약 때 희생의 제단에서 신약 때 와서 공동체의 교회로 탈바꿈한 이웃과 주님과 만남의 장이 되어야 한다. 그러한 교회가 소문나고 그러한 교회가 부흥하며, 그러한 교회를 보시는 하나님께서는 보시기에 참 좋았더라 하시리라 본다. 교회는 사랑을 제외하며 우글대는 재래시장 속이나 다를 바 없다.

절름발이 신세의 므비보셋이 다윗왕이 궁전에 같이 살자고 할 때 감격스러워서 죽은 개 같은 나를 돌아보시나이까 하는 고백했던 소리가 나는 교회가 되어야 한다. 교회는 흠집이 나야 하고 행인도 먹고 가고 나그네도 쉬고 가야 한다. 말씀으로 위로하고 소망을 주어야 한다. 그리고 모든 소리를 듣고 주위의 초상집을 찾고 마당을 채워 주고 슬픔을 같이 해야 한다. 형이상학적이 아니고 어려운 수식어가 없어도 아무나 듣고 공감대를 이루어야 한다. 내 교단 내 교회의 고정관념을 버려야 하며 이단이 아닌 이상 무슨 담이 있어야 하는가? 출타할 때면 가까운 교회가 되는 것이다.

베드로가 예수님 여기가 좋사오니 집을 짓자고 즉흥적인 고백의 의미를 생각한다. 교회의 모든 봉사는 아무나 어느 부서에서도 일할 수 있도록 해야 누구만이 아니고, 누구나 모두가 되어야 한다. 나이가 우선이 아니고 선임이 우선이 아니어야 한다. 그래서 맹수를 피할 수 있고 비바람을 피할 수 있는 안전하고 따뜻한 둥지가 되어야 한다.

둥지에서는 어미가 먹이를 먹이고 따뜻한 어미 날개로 품어 준다. 그리고 안심하고 잠에 취할 수가 있다. 교회는 최고나 최대가 아닌 최선을 다하는 곳이어야 한다.

그렇게 하기 위해서는 교회는 사치가 있을 수 없고, 은행에 정기 적금을 해서 헌금을 축적하는 것은 비 성서적인 것을 알아야 한다. 필자가 시무 하는 교회는 어려운 미자립 교회를 초 교파적으로 돕고 있으며 베푸는 교회가 되자는 말에 아무도 거부하는 자가 없고 모두가 '아멘'이다. 모든 안건은 한 사람이라도 '아니요' 하면 늦어도 좋으니 보류하고 몇 년이 걸려도 모두가 좋다고 할 때까지 기다리며 두고 기도한다. 교회가 어떠한 전통을 세우고 어떠한 선례를 남기느냐가 중요한 것이다. 좋은 전통이나 좋은 선례가 교회의 불문법이 되어진다. 혹 문제의 소지가 있는 사람이 나오면 질투하거나 고립시키지 말고 평범하고 보편적인 둥지에 참여시키고, 이상한 눈초리로 보지 말고 부담 없이 편하게 접해 주면, 문제를 스스로 소화시키고 같이 동참하며 상처가 남지를 않는다.

고린도전서 9장 19~23절을 보면 '내가 모든 사람에게 자유 하였으나 스스로 모든 사람에게 종이 된 것은 더 많은 사람을 얻고자 함이라 유대인에게는 내가 유대인과 같이 된 것은 유대인을 얻고자 함이요. 율법 아래 있는 자에게 내가 율법 아래 있지 아니하나. 율법 아래 있는 자 같이 된 것은 율법 아래 있는 자들을 얻고자 함이요. 율법 없는 자에게는 내가 하나님께는 율법 없는 자가 아니요. 도리어 그리스도의 율법 아래 있는 자나 율법 없는 자와 같이 된 것은 율법 없는 자들을 얻고자 함이라. 약한 자들에게는 내가 약한 자와 같이 된 것은 약한 자를 얻고자 함이요. 여러 사람에게 내가 여러 모양이 된 것은 아무쪼록 몇몇 사람들을 구원하고자 함이니. 내가 복음을 위하여 모든 것을 행함은 복음에 참예하고자 함이니' 하셨다. 그러기에 최초의 교회에서는 유무 상통하는 모이기를 힘쓰는 교회가 되었기에 초대교회로 돌아가자 하는 것으로 알아야 한다. 그래서 교회는 포근한 둥지가 되어야 한다.

『장로신문』 1996년 4월 27일

믿음의 어머니

　구교는 베드로의 신앙에 기준을 두고 개신교는 바울의 신앙을 모델로 하고 각각 그 맥을 이어 가고 있다.
　우리들의 신앙의 색깔들이 나름대로 성격의 차이에 따라서 각각 모양이 다른 것을 볼 수가 있다. 성격이 급하면 급한 대로 성격이 느리면 느린 대로 교회에서는 적시 적소에 따라서 성격대로 신앙생활의 모양에 따라서 요긴하게 봉사케 할 수 있으므로 교회의 성장에 크게 기여하고 있는 것을 알 수가 있다.
　성격이 적극적인 베드로는 매사에 앞장서서 제자로서 충성을 다했던 점도 있었는가 하면 말고의 귀를 칼로 쳤던 일이며 예수님이 십자가를 지실 때 예수의 당이 아니라고 거침없이 부인했던 점들을 생각하면 그 사람의 성격에서 나온 실수라고 보겠다. 하지만 다른 여러 면에서는 예수님을 옆에서 바짝 따라다니면서 수제자로서 충성을 다한 것을 인정해 줄 부분이 상당하다.
　바울은 예수님 당시에는 철저한 유대 종교인으로서 예수는 일개 선지자에 불과하다고 보는 바울에게는 자칭 하나님이라고 하는 예수를 철저한 이단이라고 앞장서서 기독교들을 핍박했으나 다메섹 길바닥에서 주님의 음성을 듣는 순간 강한 광채에 눈이 어두워진 채 즉석에서 죄를 회개하고 순간적으로 주님을 영접했다. 체험적인 철저한 신앙인으로 180도로 전도자로 돌변한 후 평생 실수 없이 예루살렘뿐 아닌 소아시아까지 전도 무대로 삼고 평생을 오직 주님만을 증거 하다가 변절했다고 이단으로 몰려 투옥된 상태에서도 옥중서신을 교회마다 보냈다. 오직 전도만을 삶의 지표로 삼고 평생을 살다가 마침내 순교를 당한 것을 알고 있는 것처럼 예수를 믿게 된 원인이 나름대로 신앙의 영향을 누구로부터 받았느냐에 따라서 일생을 두고 신앙의 색깔들이 다른 것을 볼 수 있다.

　필자는 주일학교 어린 시절에 지금은 고인이 되신 고 김은기 장로님과 고 박혜진 권사님의 신앙의 모습들을 보고 따랐던 것을 늘 잊지 않고 그분들의 신앙 모습을 그려 보곤 한다. 그 두 분을 신앙의 아버지가 되고 신앙의 어머니로 마음속에서 사랑의 빛이며 믿음의 빛을 갚지 못한 것을 회개할 때가 많다. 두 분의 생전의 신앙생활을 본받으려고 의식적으로 노력하지만 그분들의 신앙을 흉내도 내지 못하고 있음을 자인한다.

　고 박혜진 권사님은 남편도 6·25 때 순교 당하시고 자녀도 생산치 못하고 평생을 의롭게 서울 산정현교회에서 봉사하시다가 81세로 소천하셨다. 필자는 고인의 묘소를 찾기 위해 안산시 주변 산속 골목을 누비며 종일 헤매다가 산정현교회 묘지에 누워 계시는 묘소를 찾고, 평소 살아생전의 아낌없는 사랑과 시간 나는 대로 필자를 위해서 기도해 주시던 일을 생각하면서 기도한 일이 있었다.

고인이 살아 계실 때 일주일이 멀다 하고 안부 편지를 드리면 틀림없이 답장을 해주시면서 늘 부탁의 말씀을 하셨다. 신앙생활에 게을리하지 말고, 아내에게 잘하고, 자식들의 신앙을 잘 관리하며 장로로서 모든 성도에게 본을 보여주며, 하나님께서 기뻐하실 일만 하고, 복 받고, 잘 살아 달라는 부탁에 말씀을 깨알같이 구구절절 내려쓰신 회신들을 잊을 수가 없다. 지금도 그 어른의 편지를 가방에 가득 채운 채 고이 간직하고 고인이 생각날 때마다 꺼내어 읽으면, 지금도 살아 계셔서 나를 권면 하시는 음성을 듣는 것 같다. 우리는 신앙생활을 누구의 도움으로 시작하게 되었는지조차 망각하고 살고 있다. 은인 중에 은인인 것을 잊어서는 안 된다고 생각한다.

스스로 실족할 때 신앙의 어머니를 생각하면서 책임감을 느끼고 있다. 필자도 교회를 개척하고 전도를 1년에 백여 명씩 전도했다고 하면서, 과연 전도자로서 얼마나 신앙에 본을 보여주었을까 돌이켜 보면 후회스러울 때가 많다.

신앙의 책임의식 없이 몇백 명 전도했다고 하는 실적만 의식하고 전도했다고 하면 과연 그들이 나를 어떻게 보고 있고, 어떠한 모습으로 입력을 해두었을까 하고 부끄러운 생각을 할 때가 많다.

아무나 선생이 되지 말라 하신 진리를 생각하게 된다.

남의 실수는 지적하면서 자신의 죄는 폐하려는 것이며 적은 일을 하고도 크게 보이려는 옹졸한 처신을 하고 있는 자신의 모습을 스스로 고백해 본다. 우리는 신앙적으로 흔히 회개한다고 하면서 회개의 개념은 죄를 고백한 것을 전부인 것으로 착각하고 있다.

참 회개라고 하는 것은 죄를 뉘우치고 고백하고 용서를 받았으면 차후에 생활은 고쳐져 하나님의 말씀대로 사는 것이어서, 죄를 다시는 짓지 않는 것까지 생활이 이어지는 것을 이른바 진정 회개했다고 하는 것이다.

바울은 날마다 죽는다고 했다. 늘 죽은 사람 같이 자기의 것이 아니고 하나님의 것이 되고 있는 모습이라고 해석이 가능하다고 본다.

자기의 것이 된다면 회개한 자의 생활이 아니다. 전도자가 되기 전에 먼저 신앙인이 되어야겠구나 하고 오늘도 반성을 해 본다.

얻은 것도 이룬 것도 아니고 다만 주님을 향해서 푯대로 삼고 달려갈 것뿐인 것이라 하신 말씀이 또 생각난다.

『장로신문』 1996년 6월 1일

저주 없는 책망

하나님께서는 사랑하는 자를 징계하신다고 하셨다. 의인이 모자라서 죄인을 버리시지 않는 것도 아니고 사람의 체면을 보시고 참 아시는 것도 아니다. 오래 참으사 죄인이 죄를 깨닫고 회개할 때까지 천 년을 하루 같이 참으시고, 기다려 주시고 계시는 것을 알아야 한다. 사람의 죄로 지옥불에 던지시려 한다면 왜 사랑의 징계를 내리시겠는가.

속담에 눈물 젖은 빵을 먹어본 사람이 이웃의 고통을 알 수 있는 것이라 했다. 교회에서 혹 실족하는 사람을 볼 때 권면하고 책망하는데 주님의 이름으로 사랑으로 책망을 하지 않고 미워하고 저주하는 마음으로 책망하는 것은 예수님의 뜻을 외면하는 것이다.

교회에서 일을 많이 하는 사람이 말도 많고, 말을 많이 하는 사람이 자기 몫을 챙기는 것을 볼 수 있다. 교회는 돈을 내어놓고도 봉사하는 곳이기 때문에 목청을 높인다. 교회에서 돈을 주고 먹을 것을 주는 곳이라면 이유도 없고 말도 없을 것이고 제도나 구조 속에서 속박을 당하면서도 순종만 할 것이다. 그래서 지도자들은 언제나 외로운 것이다. 형제가 실족하면 인간의 감정을 속일 수가 없는 것이기에 감정이 폭발하게 되어서 감정 앞에 감정이 나오고, 문제 앞에 문제가 나오게 되어 있다. 질투 앞에서 질투가 나오고 저주 앞에서 저주가 나오게 되어 있다.

하나님께서는 형제를 축복하는 자에게 복을 주신다고 하셨고 형제를 저주하는 자에게 저주하신다고 아브라함에게 약속하셨다. 성서적으로 축복도 자기의 것이고 저주도 자기의 것으로 돌아간다는 것을 가르쳐 주시고 계신다.

실족하는 형제를 위로하고 감싸주며 사랑의 권면과 사랑의 책망을 주어서 스스로 깨닫도록 하고 다시는 실족하지 않도록 힘과 용기를 주어야 한다. 예수 믿으면 은혜받고 복 받고 구원 받는다는 진리를 모르는 사람은 없다. 방법을 어떻게 하느냐에 따라서 엉뚱한 결과를 낳게 할 수 있겠다. 어떠한 방법은 저주도 받게 하고, 어떠한 방법은 구원도 받게도 하는 것이기에 참으로 우리 교회에서 좋은 최선의 방법을 선택해야 한다.

최선의 방법은 성서에서 얼마든지 찾을 수 있다. 성서는 말씀이고 말씀은 곧 하나님이시다고 하셨다. 하나님을 사랑하고 하나님을 믿는다고 하면서 하나님의 말씀으로 책망하지 않고 저주하고 미워하는 것, 책망은 스스로를 미워하고 스스로를 저주하는 것이다.

『장로신문』 1996년 8월 24일

주정헌금과 월정헌금

구약 때는 제사를 드리는 제도로, 제물을 가지고 제단에서 짐승을 잡아 희생을 시켜서 피를 흘리게 하고 제물을 불에 사르게 하여 향내를 풍겨서 하나님께서 흠향하시게 하여 하나님을 기쁘게 해드렸다.

그런데 제물을 택할 때는 수컷으로 하고 먼저 난 것이라야 했으며 흠이 없는 것을 택했으니 가장 깨끗한 것으로 드렸다는 것이다. 크고 작은 것이 중요시되지를 않았고 성결한 의미를 중요시했으며 드리는 자의 정성이 중요시되었음을 알 수가 있겠다.

그런데 오늘날 교회마다 한결같이 앞을 다투어가며 주정헌금이나 월정헌금의 봉투를 활용해서 의무금으로 일정액을 작정하고 주일마다 헌금(드리는 돈)이 아니고 징수하는 책임감을 부여하는 것은 본래의 성서적인 것이 아니라는 의미가 짙다고 생각된다.

또한 월정헌금의 제도를 도입하는 교회들이 있다고 하는데 역시 대단히 모순된 제도라고 보는 것은 헌금의 기본은 십의 일조이다.

한 달 동안에 소득금액에 대한 십 분의 일에 해당하는 금액을 산출해서 기쁘게 감사하는 것이면 되는 것인데 소득이란 고정적일 수는 없는 것이라 더도 되고 덜도 될 수 있겠다. 그런데 고정액수를 봉투로 기록하게 하고 회비나 세금이 아닌 헌금을 고정액수를 징수케 하는 것은 대단히 잘못된 제도라고 보는 시각이다.

그런가 하면 어느 교회는 월정헌금 외에 십의 일조를 또 별도로 내게 하는 교회가 있다는 것은 솔로몬 시대에 궁전을 호화찬란하게 건축하려고 국민에게 강제로 세금을 찬탈했던 일로 백성들이 지친 일들을 생각하게 한다. 하나님은 돈이 없어서 가난하신 분이 아니고 신앙을 돈에 기준을 두시지 않았다.

나의 구하는 것은 너희 '재물'이 아니요 오직 '너희'니라(고후 12:14) 하신 말씀을 주셨다. 너는 나를 사랑하느냐? 너는 나를 누구라 하느냐? 아담아 너는 어디 있느냐? 하신 말씀에 '너'라고 하셨으니 하나님의 상대는 '나'이고 나의 상대는 하나님이시다. 멀리 두고 하나님을 지칭한다면 그러한 하나님이시다 하더라 한다면 그러한 하나님은 3인칭으로 나와의 관계는 소개받는 먼 곳에 계시는 하나님이라고 할 수 있겠으니 '당신과 나'라는 개념이 아니다.

헌금은 제도가 아니고 억지가 아닌 스스로 감사하고 기뻐서 바치는 행동하는 감사인 것을 교회가 부자가 되자고 헌금을 강조하는 것은 시험의 요소가 될 수 있다. 돈이 있는 사람은 헌금을 내어야 하고 돈이 없는 사람은 교회에서 돈을 받아 가지고 가야 한다.

기본이 십일조이지 힘과 신앙의 분량에 따라서는 십이조도 할 수도 있고 십의 삼조도 할 수 있는 것이다. 헌금이 어떻게 쓰였느냐에 따라서 교회가 시험이 올 수도 있고 교회가 은혜가 있어서 부흥이 될 수가 있다.

헌금은 제도 속에 넣고 구속하는 것이 아니고 자율적으로 즉 실천이성이 스스로 보편적 도덕법을 세워 행하는 일로 이성 이외의 외적 권위나 자연적 욕망에 구속되지 않는 기쁨의 희생이 바람직하다고 보는 것에서 우러나오는 헌금이니 바치는 자의 이름을 기록하지 않아도 하나님께서 기억하시고 기뻐하신다. 헌금이 없으니 외상으로 약정이라도 교회에서는 요구해서도 바람직하지 못하다. 흔히 서원 기도를 하게 하고 남편과 상의도 없이 목적헌금을 외상으로 약정서를 받아내어서 갚을 때까지 고통 속에서 허우적거리게 하는 것은 실족하게 하는 것이고 가정에서는 문제가 발생해서 신앙 핍박까지 당하는 사례들을 외면할 수 없다는 것이다.

믿지 않는 남편이 벌어온 것을 자기의 이름으로 십일조 헌금하는 것은 비성서적이다. 차라리 남편의 허락을 받고 감사헌금으로 바치는 것이 바람직하다고 본다. 그리고 헌금 봉투에 무엇을 주시옵소서 하고 조건을 달아서도 안 되는 것이다.

지나온 일들을 함께하셨으니 은혜에 대한 보답의 감사를 바치는 것이 헌금의 기본의 뜻이 있는 것이다. 헌금은 장삿속으로 풀어서는 하나님께서는 기뻐하실 수 없는 것이다. 달란트 이윤의 비유는 일꾼으로 일을 열심히 하라는 진리이지 이자를 의식하신 것이 아니다.

하나님은 가난하신 분이 아니시고 사람의 힘을 의지하시거나 덕을 보시자는 것이 아니라 헌금으로 하여금 너희들끼리 공동체 생활을 하라고 하신 것이니 나그네에게 주고, 고아에게 주고, 과부를 돕고 레위지파 즉 성막을 지키는 자. 문지기 다시 말하면 교회사찰 또는 나팔부는 자(성가대) 그리고 말씀을 가르치는 자(목회자)들에게 주는 것으로 정하시고 십일조를 명령하신 것을 성서의 핵인 신명기에서 기록해 두셨다.

헌금은 밖에서 교회로 들어왔지만, 다시 밖으로 나가서 쓰고 없어져야 하지 교회에서 땅에 투기하거나 은행에 장기적금해 두는 것은 철저한 죄악이다. 출애굽 당시에 백성이 허기질 때 갑자기 처음 보는 것이기에 '이것이 무엇이냐'는 이름이 바로 '만나'라는 것이다.

욕심으로 많이 거둔 것은 썩어서 다음 날에는 먹을 수가 없게 되고 다시 내려주신 것을 또 먹게 하신 것을 알아야 한다. 내가 너를 사랑한 것처럼 너도 이웃을 사랑하라 하셨으니 행동 없는 사람은 죽음이라고 야고보를 통해서 강조하셨다.

오늘날 교회들은 사랑하라는 소리가 벽이 터져나가도록 외치고 있다. 그러나 사랑받는 사람은 없다. 사랑하라고 명령하는 사람은 있다.

부자가 바늘귀를 통과해야 천국을 갈 수 있다고 하셨는데 부자교회는 무엇을 통과해 하나님께서 기뻐하시고 보시기에 심히 좋았더라 하실까 그냥 지나지 말고 요엘 선지자의 입을 여시고 마음을 찢고 통회하라 하신 말씀을 다시 한번 읽고 옷을 찢지 말고 마음을 찢고 회개하는 변화가 필자 자신부터 있어야 되겠다.

주정헌금이 아니고 주일헌금이고 월정헌금이 아닌 십일조, 이조, 삼조라고 해야 성서적이다.

『크리스찬신문』 1996년 7월 20일

소극적 전도는 직무유기

　노회 산하에 있는 120여 교회를 노회 임원회에서 연중행사의 하나로 돌아보고 교회마다 상황을 보고받은 일이 있었다. 보고상황을 들어보면 교회 내 자체 조직 활동을 하는 교회보다는 외부적으로 대민봉사하는 교회가 보다 살아 움직이는 것 같고 성장도가 빠르다는 것을 부인할 수가 없다.
　교회 내부적으로는 봉사하고 '이방인'에게는 무관심한 것은 잘못이라는 지적이 사회적으로도 지적되고 있다. 사랑에 목마른 사람에게는 사랑이 필요하고 배가 고픈 사람에게는 빵이 필요하다. 외로운 사람에게 이웃이 필요하고 아픈 사람에게는 의사가 있어야 한다. 어린아이에게는 부모가 있어야 하듯 예수를 모르는 이방인에게는 복음의 전달이 시급한 것이다.
　대외 활동에 소극적인 교회는 그물을 던지지 않고 고기를 잡으려는 것과 같은 이치일 것이다. 교인이 제 발로 찾아오기만을 기다리는 교회는 직무유기를 범하는 것이 된다. 교회의 지도자들로부터 본을 보이지 않고서는 성도들에게 전도에 대한 열심을 강조할 수도 없다.

이제는 교회가 앞장을 서야 할 때이다. 교회의 앞마당을 개방해서 주민들의 주차장으로 제공하고, 교회의 부속 시설은 자물쇠를 채우지 말고 휴식공간으로 개방하거나 주민들을 위한 결혼식과 장례식의 장으로 활용할 수도 있다. 교회의 차량은 사회와 주민들의 편의를 위해 사용하고 무의탁 노인들을 위해서 점심도 대접할 줄 알아야 한다. 무료 독서실을 조성하고 교인 중에 지도능력을 가진 이들을 발굴해서 강의를 열 수도 있다.

사랑과 전도는 말로만 하는 것이 아니며 행동하는 전도, 행동하는 설교가 효과를 낼 수 있다. 교회에 세금이 없는 것은 봉사하는 기관으로 보기 때문인데 봉사를 하지 못할 바에는 스스로 국가에 헌납하고 국가로 하여 봉사토록 해야 할 것이다.

『한국기독공보사』 1996년 9월 21일

교회의 일은 정치적으로 풀어서는 안 된다

교회에서 정치꾼들이 판을 치고 정치를 하기 위해서는 성서에서 수군거리지 말라고 하셨다. 귓속말로 하지 말라고 하셨는데 정치하는 사람들끼리만 모든 문제를 먼저 흥정을 하고 그 대안을 공회에 내어놓고 목청이 높고 말 잘하는 사람의 몫으로 챙기고 있다.

교회의 큰 모임일수록 큰 정치꾼이 난무하고 마치 사회에서 볼 수 있는 정치 브로커처럼 회의를 자기의 것으로 착각하고 있다. 순진한 사람들은 저런 꼴을 안 보았으면 좋겠다고 입을 모으고 있다. 누가 노 회장이면 어떻고 누가 총회장이면 어떻다는 것인지 비정치인들은 차라리 총대가 되지 않고 개인 신앙생활이나 조용히 지키고 살았으면 좋겠다고 하는 소리를 들을 수가 있다.

교회에서는 정치가 아닌 성경으로 풀고 해결을 해야 한다. 교회의 주인은 하나님이시기 때문이다. 하나님은 성경의 주인이시요. 권위자이신데 성경으로 교회를 다스려야 함에도 정치적으로 교회를 끌고 간다는 것은 하나님이 사람들의 술수에 끌려다닌다고 하는 말이나 다를 바가 없다.

어느 목사님은 목회의 중량이 있고 어느 장로님은 봉사의 중량이 있다. 수년 후에는 후배들이 각각 점수로 평가해 준다는 것을 알아야 한다. 목회의 일념으로 정치를 모르고 교인 심방을 열심히 하는 목사님들이, 존경을 받고 교회가 부흥 하는 것은 결코 우연한 일이 아닌 것을 알아야 한다.

그런가 하면 덕으로 교회를 다스리고 봉사를 열심으로 하는 장로님들의 교회는, 좋은 전통적으로 이어지는 교회로 양적으로나 질적으로 부흥하고 은혜가 있다. 좋게 소문난 교회는 앞서가고 있음을 역시나 우연한 일이 아니다.

씨앗은 뿌린 대로 싹이 나고, 가꾼 대로 작물은 자라서 꽃을 피우고, 좋은 결실을 한다는 것은 철저한 진리이다. 정치를 잘하는 분의 교회는 부흥이 없음을 여실히 증명해 주고 있다. 교회가 소란스럽고 문제가 있는 교회는 지도자들의 몫인 것을 부인할 수 없다. 그러한 교회일수록 너무 똑똑한 사람들이 많이 있는 것을 알 수가 있다.

교회는 똑똑한 것으로 하는 것이 아니라 희생과 덕과 사랑으로 하는 것이다. 똑똑한 목회자 주위에는 적수가 많고 상대가 많다. 집안일 잘하는 사람은 밖에서도 일을 잘하고 집안에서 대접 받는 자가 밖에서도 큰 대접을 받고 있다.

사울의 가문과 다윗의 가문의 좋은 선례를 남겨놓고 있음을 알아야 한다. 사울의 가문은 망하고 다윗의 가문은 흥했으니 다시 더 말할 필요가 없다. 한 아버지의 후손인 노아의 세 아들 중 셈과 야벳은 축복 받고 함은 두 형제의 종이 된 것도 좋은 예로 증명해 주고 있다. 좋은 지도자 밑에서 좋은 일꾼이 나오는 것처럼 악한 아버지 사울의 아들 요나단은 선한 사람이었으나 악한 아버지 때문에 억울한 죽음으로 일생을 마감했다.

좋은 지도자를 만나는 것도 복이라는 말이 있다. 그래서 오늘날 교회가 교인을 택하는 때가 지나가고 교인이 교회를 선택하는 때가 왔다는 것이다. 비유로 말씀하시기를 있는 것도 빼앗아 많이 있는 사람들에게 주신다는 진리를 생각할 때가 되었다. 오늘날 교회들이 바리새파틱한 장로는 기도의 억양에서 하나님을 혼쭐내는 기도 원망하고 짜증 내는 분수 없는 장로가 있다. 설교 단상에서 교인을 혼낼 줄 아는 목회자들을 볼 수 있으니 참으로 한심스러운 일들이다. 나는 거룩하고 상대자는 죄인시하는 것은 자신의 눈에 들보는 보이지 않는 비결은 곧 너무도 큰 것이 내 눈을 가리고 있으니 자기를 찾을 수가 없다는 비결이다.

'회개하라'가 아닌 '회개하자'로 말을 바꾸어야 한다.

교회에서는 문제가 나오면 그 문제를 이기려고 들자면 상대편에서는 더 큰 문제로 적은 문제를 덮는 것이니, 교회는 결국 수렁에 빠지고 만다는 것이다. 그래서 교회는 정치로 풀지 말고 성서로 풀 때 은혜가 있고 하나님께서 좋아하신다.

『장로신문』 1997년 1월 4일

무분별한 선교회 단체

　오늘날 너무도 흔해진 말로 OO선교회, OO선교단이라는 모임단체가 남발하고 있다.
　청년회 몇 사람으로 복음성가 몇 곡을 연습한 것을 들고 나가서 '선교회'라고 하면서 모금 운동까지 한다. 이 교회 저 교회를 순회하면서 장소 허락을 요청하는 사례가 빈번하고 있으니 교회가 스트레스 푸는 곳으로 착각을 하고 있다. 교회를 순회할 수 있도록 요청하는 청원서를 당회가 급급할 때마다 짜증스러운 분위기가 되고 있다.
　선교라고 하면 한자로 베풀 선에 교리라고 말씀을 전하고, 사랑을 베푸는 의미라고 보겠는데 헌금을 강요하고 받은 헌금을 가지고 어디서 어떻게 쓰이고 있는지 알 수가 없다.
　그러는가 하면 가정으로 배달되는 각종 선교회 혹은 복지회라고 하면서 매월 일 구좌씩 송금을 해 달라는 지로 용지가 한 주일에도 몇 통씩 배달되고 있다. 받은 청구서를 어떻게 선별해야 될지 알 수가 없다. 그러한 선교 단체들이 한 교회에서 몇 개씩 존재하고 있으니 그만큼 교회들이 부흥 하고 있어야 할 터인데도 오늘날 교인 집회 수가 해를 거듭할수록 적어지는 기현상이 되고 있다.

그리고 그들이 부르는 '복음성가'라고 하는 것은 청소년을 자극하고 하나님을 찬미하는 것과는 너무도 거리가 있는 것으로 부르고 흥에 도취시키고 있다. 경건 성이 없고 찬양하는 의미가 없으니 무슨 선교 하는 모임체라고 할 수가 있겠는가. 교계가 이를 자제시키는 일이 바람직하다고 보겠다.

교회는 예배를 드리는 장소로 사용을 가능케 하는 것이니 교회들이 잡다한 선교회를 거부하고 나선다면 자연 자제 되리라고 생각된다. 하나님은 만홀히 여김을 받으시지 않는 분이시다.

사람의 감정에 걸맞은 예배가 될 수가 없고 하나님께서 받으시기에 기뻐하실 것을 위해서 예배가 되어야 함은 굳이 죄로 날 여지가 없는 것이다.

사람을 위해서 성역 몇 주년 기념 예배니 박사 축하예배 하는 행사는 별도의 순서로 그것도 본당이 아닌 별관에서 축하식으로 갖는 것이 바람직하다고 본다. 축하 예배라고 하고서 축하금을 접수한다면 예배에 대한 것으로 교회에 헌금으로 수입되어야 하고 축하식이라면 축하금을 받는 것이 옳다고 본다.

하나님 앞에서는 변명을 할 수가 없기 때문이다. 그리고 회갑 축하식이라고 하면서 축하받는 자의 자녀들이 초대장을 발부하고 준비된 음식을 먹고 같이 즐기자고 초대장을 보내고 축하함을 비치하고 그곳을 지나게 하는 것도 문제가 된다.

초대라고 하는 것은 자기 부모가 60평생을 맞이했으니 자식의 도리라고 하는 의미로 식사 대접을 하겠다, 하면서 축하금을 받아내자는 것은 우리 신앙인들로부터 쇄신해 나가야 한다.

예부터 회갑연회에 가지 않는 것은 큰 실례가 안 된다고 한 말이 있었다.

필자의 회갑에는 자녀들도 오지 못하게 했으나 모여진 자녀들과 외지에 나가서 산에 다 천막을 치고 기도회로 대처한 일이 있었다. 60평생 동안에 건강을 허락하신 하나님께 감사하는 것이 신앙인의 도리라고 보겠다.

돈으로 축하식을 하고 남의 돈으로 선교한다는 것은 선교가 아니다.

필자가 출석하는 교회도 선교위원회가 당회 산하에 있고 어려운 교회나 미자립 교회 교역자들의 생활비를 주고 있는데 전체 예산의 30%를 지불하고 해마다 5%를 증액해서 97년도에는 35%를 지불하는 데 원칙이 있다.

96년에 선교비가 2억이 집행되었다. 자체 모금으로 선교하는 것이지 남의 교회에 가서 구걸해 선교한다는 것은 잘못된 풍토라 하겠다.

『장로신문』 1997년 1월 18일

스스로 잘못된 일을 고백해야 한다

하나님께서 숨어있는 아담을 찾지 못해서 아담을 부르신 것이 아 닙니다. 흙을 빚어서 인간을 만드시고 사람의 속마음을 유리 들여다보 시듯 하시며 죄를 짓고 하나님을 피해 보려는 어리석은 아담을 한 심스레 여기시고 '너 지금 무엇을 하고 있느냐'를 바꾸어 '아담아 너 어디 있느냐'고 말씀하신 것을 알아야 한다. 즉 아담을 책망하시는 음성으로 너나 여호와를 어떻게 보고 숨어 있느냐고 하신 것으로 해석이 가능한 것이다.

주님께서 십자가를 지기 직전에 수제자 베드로에게 '너 나를 사랑 하느냐' 꼭 거듭 세 번이나 물어본 뜻과 제자들에게 물으시기를 '너 는 나를 누구라 하느냐'고 하신 것도 사람의 우매한 생각들을 한탄 하신 심정을 짐작할 수가 있을 것이다. 사람은 자신의 실수나 죄를 고백하게 되는 것이다.

그런데 교회의 문제가 생길 때는 자기의 책임이라고 사죄하는 사 람을 볼 수가 없다. 그러나 선한 공적은 자신의 몫으로 돌려놓으려고 앞을 다툰다. 흔히 신앙이 있고 인격이 있다고 하지만 인간은 본래의 성품이 있고 다음에 신앙이 있어 인격이 신앙을 지배한다. 신앙의 형태도 성품대로 사람마다 양상이 다른 것을 볼 수가 있다.

성품이 소극적인 사람은 신앙이 소극적이고 성격이 급한 사람이 신앙이 적극적인 것을 볼 수가 있다. 적극적인 사람은 좋은 점도 있는가 하면 부정적인 면도 있다. 베드로는 성격이 적극적이고 급한 사람으로 수제자인 반면 실수도 적지 아니하게 일으켰다.

레위 사람이나 제사장이 사랑을 몰라서 여리고에서 강도 만난 사람을 보고도 그냥 외면하고 스쳐만 간 것은 아닐 것이다. 천대받던 이방인 사마리아 사람은 아마도 적극적이고 정이 많았기에 도와준 것이라고 미루어 짐작이 간다.

그러므로 교회에서 어떤 감이나 문제가 발생하면 그것을 공동으로 감당하고 풀어나가야 하는 것이 옳다고 본다. 강 건너 불구경하는 태도는 결코 바람직하지 못한 것이다. 입장이 곤란하고 일을 하다가 욕을 들을 수 있다고 해서 모든 것을 무관심이나 소극적으로 외면한다면 과연 교회의 일은 누가 한다는 것인가 교인이 최선을 다하다가 혹 실수가 있다고 할지라도 그 책임을 물어서는 안 될 것이다. 잘못된 일을 스스로 시인하고 고백하고 하나님 앞에 회개하는 것으로 탕감되어야 한다.

사람이 완벽할 수 없고 완전할 수 없으며 전능할 수가 없다. 하나님께서 사람을 창조하실 때 하나님처럼 만능 자로 창조하시지 않았다는 것을 알아야 한다. 그러기에 세상에서 부분적인 것만을 할 수 있도록 해야 하며 박사 제도도 그런 것이다. 신앙에는 박사 제도도 없거니와 신앙의 척도는 오직 하나님께서 많이 하실 수 있다. 사람들이 겉으로는 신앙이 좋은 것 같아도 하나님이 보시기에는 정반대의 평가를 하실 수도 있다.

'내 속 사람 일은 하나님의 법을 즐거워하되 내 지체 속에서 한 다른 법이 내 마음의 법과 싸워 내 지체 속에 있는 죄의 법 아래로 나를 사로 잡아 오는 것을 보는 도다'(롬 7:22~23)라고 바울은 적고 있다. 의롭다고 인정을 받았던 욥도 회개했으며 다윗도 죄를 지었다고 침상을 적셔 가며 철저한 회개를 했다. 따라서 지은 죄를 고백하고 회개하는 것이 나약한 인간의 모습들이라고 생각된다.

『기독교신문』 1997년 2월 9일

요셉의 신앙과 야곱의 수단

　야곱은 아브라함의 손자라고 해야 쉽게 이해가 되겠다. 아버지 이삭은 성서적으로 특별한 업적이나 기록이 없다.
　다만 아브라함의 제물로 바치게 되었던 사건과 리브가와 결혼한 사건이며, 죽기전 쌍둥이 큰아들 에서와 야곱의 장자 축복권이 뒤바뀔 때 속는 사건외에는 별다른 인물로 두각을 보지 못했다. 야곱은 이삭의 아들이라기보다는 아르바람의 손자라고 해야 쉽게 이해가 될 것 같다.
　야곱은 부친의 눈이 어두운 것을 악용해서 장자의 명분을 탈취했던 에서(아말렉의 조상)와 원수가 되고 하란으로 피신생활을 하면서 외숙 라반의 머슴살이로 재물의 영광을 누렸다.
　욕심쟁이이고 의욕적이어서 마침내 이스라엘(하나님이 들으신다)의 조상이 되었다,
　누렸던 그 영광도 자식들의 불화와 나라의 흉년을 맞게 됨에 이국땅 애굽에서 살다가 147세의 일기로 이국에서 외로운 생을 마쳤

다.

어떤 의미에서 평가한다면 야곱은 인격적이고 신앙적인 순수한 사람이라고 하는 인색한 평점을 줄 수밖에 없다. 어떤 신학자는 사기꾼이라고 심하게 질타하는 소리를 들은 적이 있다.

요셉은 '하나님이 더 하실 것이다'의 뜻을 가진 인물로 야곱의 처 라헬의 몸에서 난 아들로 부친 야곱의 총애를 받고 살다가 형들로부터 미움을 받고 애굽사람들에게 팔려간 신세가 되었다.

사랑 받은 것이 무슨 죄가 될 수 있겠는가. 그러나 팔려간 요셉은 성격과 인격과 능력을 인정받고 애굽에서 총리가 되는 물질의 복이 아닌 명예의 복을 받았다. 그리고 아버지와 형제들의 나라에 흉년이 들어 굶주리게 된 것을 알고 아버지에게 효도하고 형들을 용서하고 살기 좋은 고센 땅에서 살도록 불러들였다.

얼마나 인격적이고 신앙적인가. 부친 야곱과는 너무도 현격한 대조적인 인물이다.

그리고 요셉은 성서적으로 한반도 죄를 지어본 적이 없다. 여인의 유혹을 지혜롭게 뿌리친 것을 보면 더욱 그렇다. 그리고 부친에게 효도를 다했다. 야곱이 애굽에서 죽을 때 요셉의 업적을 인정하고 바로왕이 국가적으로 70일을 그를 위하여 곡을 하게 했다. 그리고 입관할 때 향재료를 넣는데 40일이나 걸렸다고 했다.

얼마나 아버지를 위해서 효심을 다했고 원수 같았던 형들을 따뜻이 환대하고 배부르게 했으며 편안하게 살 수 있도록 했는가.

이국에서 약소민족으로서 얼마나 노력을 하고 신앙과 인격적인 점을 보이며 기도했기에 하나님께 큰 명예의 부를 받았을까 하고 생각하게 한다.

아버지는 탈취해서 물질의 영화를 누렸지만 아들 요셉은 신실한 신앙의 복을 받고 한번도 죄를 지어본 일이 없는 깨끗한 일생을 산 것을 비교해서 각각 평가해 본다.

『장로신문』 1995년 9월 30일.

이러한 목사와 장로가 좋겠다

　기독교가 4세기에 콘스탄틴 대제로부터 그리스도교가 박해에서 정식으로 기독교를 인정해 준 일로 시작되어서 유대교에서 독립할 수가 있은 후 약 1200년간 기독교가 성서 본연의 교회 구실을 다하지 못했다. 사람의 위주 곧 지도자들의 권위로 교회가 끌려가고 있으니 양심의 세력, 즉 바른 신앙의 목청이 높여지기 시작해서 대표적인 인물 마틴 루터 신부는 생명을 내걸고 독일에서부터 시작된 종교개혁은 하나님을 예배하는 것이 아니라 돈으로 교직들의 비위를 맞추는 형편이었다.

　이러하여 자연적으로 교회의 위신은 땅에 떨어졌다. 수도원으로서는 큰 성곽을 이루어 왕을 능가하는 큰 재산을 갖고 있었다. 당시의 교직자는 정치에 관여하고 문예를 즐겼다고 했다.

　교계에 영적인 일대 혁명의 도화선이 된 것이 교황 레오10세의 면죄부 판매였다. 프로테스탄트는 교회의 권위를 거부하고 성서의 권위를 높이는 것이었다. 95개 조항의 항의문을 워텐벨 그의 교회의 대문에 내걸고 시작된 것이 종교개혁의 발로였으니 독일에서만이 아니라 스위스, 불란서, 영국, 스코틀랜드, 네덜란드, 스칸디나비아로 번지는 종교개혁의 열풍은 막을 수 있는 힘이 무력해졌다.

480년이 지난 오늘날 누가 종교개혁을 또 한 번 다시 해야 한다고 하면 모르기는 하지만 이단으로 몰고 나올 수도 있으리라고 추리를 해 본다. 그러나 신앙개혁을 하자고 하면 거기에 맞설 만한 대안이 있다고 떳떳하게 들고나올 수는 없으리라고 생각을 해본다.

오늘날 교계 지도자들치고 루터의 종교개혁신앙과 청교도의 신선한 신앙정신을 갖자고 하는 소리를 흔하게 들어보았다. 오늘날 교회는 말은 풍성하고 소리로는 교회의 벽이 터져 나간다.

교회의 문제는 안일과 아집과 권위와 욕심과 그 외에 많은 비성서적인 것들 때문에 시작된다. 그러나 그러한 책임이 있다고 하는 사람은 한 사람도 없다. 모든 것이 너 때문이라고 하고 있다. 종교개혁 당시에도 로마 교황청에서 자기들의 잘못이라고 시인을 한 일이 없다. 다만 반항의 힘에 밀려 어찌할 수 없이 그저 방치해 두었을 뿐이었다. 필자가 각종 언론지에 2백여 회에 기고한 것들은 교회가 의식이나 제도나 구조는 성서를 앞지르고 있으니 본래의 성서의 모습으로 되돌려 놓아야 한다고 외치고 싶었던 것이다.

혹자로부터는 오해가 있었을지도 모르는 일이나 예수님께서 아닌 것은 아니다. 하고 옳은 것은 옳다고 하라 하셨고 야고보도 옳다 옳다 하고 아니다 아니다 하라고 하신 말씀을 생각해야 한다. 바로가 하나님이거든 바로를 섬길 것이라고 하나님이 하나님이시면 하나님을 섬기고 가운데서 왜 머뭇머뭇거리느냐고 하셨다.

교회 안에서 서로 역할분담의 한계를 침범하는 데서 문제가 있다. 목회자는 목회의 일념으로 하고 여기에 장로들은 지나친 간섭을 하지 말아야 한다. 행정에도 목회행정이 있고 일반행정이 있겠으니 목회행정은 목사가 하고 일반행정은 장로가 했으면 좋겠다고 본다.

당회장이 있고 당회 서기는 장로가 하듯이 피차 월권을 피하자는 것이고 다만 안건을 결정할 때 회의에서 결정한 것만 집행하자는 것이다. 회의에서 결정하지 않고 단독 결정하고 단독 처리할 때 벽에 부딪히는 것으로 시작해서 교회의 문제가 파생된다.

가능하면 안건을 내어놓으면 존중하고 일단은 한 번쯤은 시도를 해 보고 그 사업 자체가 의미가 없을 때는 바로 그 방법을 바꾸면 별문제가 없다. 제안자가 이것이 하나님의 뜻이라고 우겨대면 치유의 방법을 찾을 길이 없다. 하나님을 자기에게 접목시키려는 엄청난 죄를 범하고 있음을 알아야 한다.

모든 사업을 하기로 결의했으면 해당 부서에 맡겨서 처리하게 하면 좋으리라고 보겠는데 사사건건 간섭하고 감독해서 해당 부서가 자신 있게 일을 할 수가 없다.

팀(TEAM) 목회이며 공동체라는 의미를 최대한 살리는 것이 교회가 부흥할 수 있다고 본다. 사형수가 최후 사형장에서 종교단체 지도자의 최후 기도를 받고 사형대로 올라가는 계단 실족해서 무릎을 다치고 일어서면서 하는 소리에 하마터면 큰일 날 뻔했다고 하면서 무릎에 흙이 묻어있는 것을 보고 먼지를 털고 있더라는 말을 들은 적이 있다. 지금 내가 어떠한 모습으로 무슨 생각을 하고 있는지 까마득하게 모르고 있고 하나님께서 나를 어떻게 보시고 무엇을 원하고 계시는지 전연 모르고 있다. 그러나 상대자의 잘못을 현격하게 눈으로 볼 수가 있으나 나의 잘못은 내 눈으로는 볼 수가 없기 때문에 문제가 있는 것이다.

『장로신문』 1997년 4월 19일

축복과 복

2025년 9월 20일 초판 인쇄
2025년 9월 25일 초판 발행

지은이 / 고대곤

발행인 / 강병욱

발행처 / 도서출판 교음사

03147 서울 종로구 삼일대로 457 수운회관 1308호
Tel (02) 737-7081, 739-7879(Fax)
e-mail : gyoeum@daum.net
등록 / 제300-000052호

* 잘못된 책은 교환해 드립니다. 값 18,000원

ISBN 978-89-7814-088-1 03230